Ronald Pierre Schweppe

Schlank durch Achtsamkeit

Durch inneres Gleichgewicht zum Idealgewicht

Schlank durch Achtsamkeit. Durch inneres Gleichgewicht zum Idealgewicht.

Inhalt

Vorwort   **6**

Durch inneres Gleichgewicht zum Idealgewicht   **10**

Schalten Sie den Autopiloten aus!   12
Die Fallen jenseits der Sahnetorte   13
  1. Falle: Innerer Mangel   15
  2. Falle: Stress   16
  3. Falle: Fressanfall   16
  4. Falle: Schlechtes Gewissen   16
Einfach, aber nicht leicht   17
  Vom Ziel zum Weg   18
  Umlernen ist reine Übungssache   19
Achtsamkeit: Der Schlüssel zur Freiheit   21
  Was heißt eigentlich »Achtsamkeit«?   22
  Achtsam sein statt Kalorien zählen   22
Sie haben die Wahl   23
Ein neuer Anfang   25
Die fünf Achtsamkeitsübungen – der Weg zur Leichtigkeit   26

Der Hunger nach Leben   **30**

Wunschlos achtsam sein   31
Innere Leere, äußere Fülle   33
Achtsamkeit als Heilmittel   35
Schöne neue Fast-Food-Welt?   37
  Schnell noch was essen!   38
  Keine Zeit zum Essen – keine Zeit zum Leben   39
Essprobleme sind Stressprobleme   40
  Wie Stress dick macht   41
  Teufelskreis »Stressfressen«   41
  Stressbewältigung durch Achtsamkeit   43

Übergewicht als Chance   **44**

Endstation Übergewicht?   45
  Die Diätfalle   46
Ihre Problemzonen sind nicht das Problem   47
  Sehen, was ist   48
Achtsam sein – der sanfte Weg zum Gleichgewicht   49

Inhalt

Achtsam leben, achtsam essen — 52

Spezielle Einsatzgebiete — 53
  Schlank durch Achtsamkeit — 54
Wie Achtsamkeit schlank macht … — 54
… und warum Willenskraft keine Gewichtsprobleme löst — 56
  Prägende Muster aus der Kindheit — 58
  … Achtsamkeit schenkt Ihnen Ihr Leben zurück — 60
  Vertrauen Sie keinem Experten – vertrauen Sie sich selbst! — 61
  Wo das eine ist, kann das andere nicht sein — 62
Die vier Prinzipien der Achtsamkeit — 63
  1. Nicht werten — 64
  2. Offen bleiben — 65
  3. Die Ruhe bewahren — 66
  4. Annehmen, was ist — 68
Nahrung für die Seele — 69
  Was nährt Sie wirklich? — 70
  Der wichtigste Schritt: Sich selbst lieben — 72
  Achtsamkeit und Selbstakzeptanz — 73
  Respektieren Sie Ihren Körper — 74
  Guten Gewissens Fehler haben — 75
Achtsam genießen lernen — 77
Hunger oder Appetit? — 79

Die fünf Säulen der Achtsamkeit — 82

Vom richtigen Umgang mit den Achtsamkeitsübungen — 83
  Üben, üben, üben — 84
1. Achtsames Essen – Weg und Ziel — 85
  Achtsam essen – die Kurzanleitung — 86
  Details und Tipps zum achtsamen Essen — 88
  Achtsam essen: Das Wichtigste auf einen Blick — 103
2. Der Bodyscan – sich selbst im Körper wahrnehmen — 104
  Im eigenen Körper ankommen — 104
  Bodyscan – die Anleitung — 106
  Details und Tipps rund um den Bodyscan — 111
3. Das Achtsamkeitstagebuch – Essmuster durchschauen — 120
  Was das Achtsamkeitstagebuch nicht ist — 120
  Das Achtsamkeitstagebuch — 123
  Notizen im Hier und Jetzt — 123
  Mein Achtsamkeitstagebuch — **124**
  Notizen im Hier und Jetzt — **126**
4. Meditation – loslassen und bei sich ankommen — 128
  Die Wirkungen regelmäßiger Meditation — 129
  Die Achtsamkeitsmeditation – Kurzanleitung — 130
  Details und Tipps zum Sitzen in der Stille — 132
5. Die Achtsamkeitsexperimente – zwölf Alltagsübungen für zwischendurch — 139
  Was esse ich? — 140
  Die Notbremse ziehen – Variante I — 141
  Die Notbremse ziehen – Variante II — 142
  Schmeckt es mir eigentlich? — 143

Schlank durch Achtsamkeit. Durch inneres Gleichgewicht zum Idealgewicht.

Die Verbundenheit und Fülle erkennen	144
Achtsam trinken	146
Die nährende Atmung	147
Der Anstandsrest	149
Plan B	151
Oder doch lieber …?	152
Kleinere Teller	153
Die Entscheidungsspanne ausdehnen	153

Das Fünf-Wochen-Programm   156

Die erste Woche	157
Die zweite Woche	158
Die dritte Woche	158
Die vierte Woche	159
Die fünfte Woche	159
Das Fünf-Wochen-Programm im Überblick	159

Anhang   160

Die Minus-1-Diät – ein Achtsamkeitsexperiment	160
Drei Fragen zum Schluss	164
Eine abschließende Bemerkung	172
Literaturempfehlungen	174
Hilfreiche Adressen im Internet	174
Raum für Ihre Notizen	175
Register	178

Vorwort

Übergewicht hat einen einfachen Grund, und Sie kennen ihn nur allzu gut: Wir essen zu viel und/oder das Falsche. Die Lösung scheint somit einfach zu sein: »Essen Sie ab heute weniger und nehmen Sie ab, bis Sie sich wieder wohlfühlen!« Fertig.

Wenn diese Lösung funktionieren würde, dann bräuchten Sie nie wieder auch nur eine einzige Zeile zum Thema Abnehmen zu lesen. Sie könnten sich von sämtlichen Diätratgebern getrost verabschieden. Doch wie Sie vermutlich aus eigener Erfahrung längst wissen: So einfach geht es eben leider doch nicht. Die Frage ist nämlich vor allem, *warum* wir überhaupt ständig Dinge essen, von denen wir doch alle wissen, dass sie uns im wahrsten Sinne des Wortes belasten.

In diesem Buch geht es nicht um eine neue Diät. Es geht nicht um »gesunde« oder »ungesunde« Ernährung und nicht um aktuelle Trends. Sie werden weder Low-Carb- noch Low-Fat- oder Glyx-Theorien finden. Stattdessen möchte ich Sie auf den folgenden Seiten dazu einladen, sich ein paar Dinge zum Thema Essen bewusst zu machen, die in den meisten Diätratgebern nicht oder bestenfalls nur am Rande zur Sprache kommen.

Ich möchte Sie einladen, buchstäblich über den eigenen Tellerrand zu schauen – nicht auf die Sahnetorte oder die Kalorientabelle, sondern auf die tieferen Ursachen Ihrer Gewichtsprobleme.

Haben Sie sich schon einmal gefragt, warum es eigentlich so leicht ist, schwer zu werden? Immerhin müssen Sie dazu über lange Zeit regelmäßig mehr essen, als Sie benötigen. Und dabei ist es ja bestimmt nicht so, dass Sie zunehmen wollten – ganz im Gegenteil …

Es sind nicht die Kalorienbomben, die Ihnen das Leben schwer machen, sondern Ihre eingefahrenen Essens- und Verhaltensmuster. Sie sind schuld daran, dass Sie immer wieder in die Kalorienfallen tappen, die an jeder Ecke lauern. Diese Muster laufen unbewusst und völlig automatisch ab: Letztlich entscheiden also meistens nicht Sie, was und wie viel Sie essen, sondern Ihr »Autopilot«.

Vorwort

Und so müssen Sie scheinbar machtlos zusehen, wie Sie von Jahr zu Jahr an Gewicht zulegen.

Dass Sie bei Weitem nicht so machtlos sind, wie es scheint, das werden Sie in den nächsten Kapiteln erfahren. Es gibt wirkungsvolle Möglichkeiten, um schädliche Essgewohnheiten »zu löschen«. Dazu brauchen Sie weder eiserne Willenskraft noch müssen Sie Kalorien zählen oder streng Diät halten. Vielmehr ist es wichtig, ein waches, klares Bewusstsein und eine verfeinerte Wahrnehmung zu entwickeln. Mit anderen Worten: Es geht darum, *achtsamer* zu werden.

Durch die systematische Schulung der Achtsamkeit können Sie schädliche Essmuster dauerhaft durchbrechen und den Autopiloten ausschalten. Der Autopilot ist der Bereich Ihres Bewusstseins, der Sie wie ferngesteuert zur Gabel greifen lässt. Allerdings hat dieser Autopilot immer nur so lange Macht über Sie, bis Sie das Steuer wieder selbst übernehmen.

Sobald Sie damit anfangen, Ihre Achtsamkeit zu entwickeln

- werden Sie lernen, die Signale Ihres Körpers wieder wahrzunehmen und aufhören zu essen, wenn Sie keinen Hunger mehr haben.

- werden Sie einiges über Ihre wahren Bedürfnisse herausfinden, über den inneren Mangel, der durch äußere Nahrung nicht zu sättigen ist. Und dabei werden Sie vermutlich auch herausfinden, *warum* Sie oft zu viel essen.

- werden Sie damit aufhören, sich selbst zu verurteilen und sich zu ärgern, nur weil Sie wieder einmal »schwach geworden« sind.

- werden Sie leichter werden – nicht nur auf der Waage, sondern auch im Herzen.

Die Achtsamkeitsübungen, die Sie im zweiten Teil dieses Buches kennenlernen werden, sind erprobt und effektiv. Doch auch wenn die Techniken im Grunde einfach sind – sie können nur wirken, wenn Sie sie auch tatsächlich in die Praxis umsetzen. Ohne Übung können Sie weder ein Instrument noch Jonglieren oder eine Fremdsprache lernen. Und auch wenn Sie Bewusstseinszustände wie Gelassenheit, Lebensfreude oder eben Achtsamkeit pflegen wollen, geht das nur mit regelmäßigem »Training«.

Was das für Sie heißt? Ganz einfach: Zunächst einmal sollten Sie nichts von dem, was Sie im Folgenden lesen werden, einfach nur »glauben«. Viel wichtiger ist, dass Sie es ausprobieren. Finden Sie selbst heraus, ob es funktioniert! Geben Sie dem Weg der Achtsamkeit eine Chance – wenigstens einige Wochen lang. Diese Zeit brauchen Sie einfach, um neue Erfahrungen zu sammeln. Probieren Sie es konsequent aus und glauben Sie nur dem, was Sie selbst erleben. Der einzige Mensch, der herausfinden kann, welcher Weg der richtige für Sie ist, sind Sie selbst.

Gut möglich, dass Achtsamkeit für Sie nicht nur der erste, sondern auch der wichtigste Schritt auf diesem Weg werden wird – doch am besten lassen Sie sich überraschen …

Durch inneres Gleichgewicht zum Idealgewicht

Natürlich ist »Schlank durch Achtsamkeit« ein Buch, in dem es um das Thema Abnehmen geht. Sie werden daher im Folgenden einiges über schädliche Ernährungsgewohnheiten, typische Fressfallen und Übergewicht erfahren. Darüber hinaus geht es jedoch noch um viel mehr – nämlich darum, ein tieferes Verständnis dafür zu entwickeln, *warum, was* und *wie* Sie essen.

Das Ziel ist inneres Gleichgewicht. Idealgewicht ist nur eine »Nebenwirkung«, wenn auch eine erfreuliche.

Selbst wenn Sie Achtsamkeit nur als Mittel zum Zweck (nämlich abzunehmen) ansehen, werden Sie doch schnell bemerken, dass eine verfeinerte Wahrnehmung und eine entwickelte Achtsamkeit viel mehr bewirken, als nur Ihr Gewicht zu regulieren.

»Schlank durch Achtsamkeit« richtet sich an alle Leser/-innen, die leichter werden, gesünder leben und wieder einfacher und natürlicher essen wollen. Das Buch richtet sich aber genauso an alle, die den Kontakt zu sich selbst verloren haben, mehr Vertrauen in ihren Körper entwickeln oder mechanische Essmuster durchbrechen wollen.

Der Weg zu diesem Ziel – die Achtsamkeit – ist jahrtausendealt und doch so aktuell wie nie. Studien aus den USA zeigen, dass achtsamkeitsbasierte Methoden nicht nur hilfreich sind, um Stress abzubauen und seine Gesundheit zu stärken, sondern dass sie auch gezielt zur Gewichtsreduktion eingesetzt werden können.

Achtsamkeit hilft dabei, den Blick von rein äußeren Maßnahmen wie Kalorien-, Ernährungs- und BMI-Tabellen weg und wieder auf das Wesentliche hin zu lenken: auf den Menschen, der hinter seinen Essproblemen steckt, auf seinen Körper, seine Gefühle, sein Bewusstsein und die damit verbundenen Verhaltensweisen.

Fünf Dinge, die Sie wissen sollten, bevor Sie Ihre Zeit mit Diäten verschwenden

- Ob Sahnetorte, Pommes frites oder Schokolade – kalorienreiche Speisen sind nicht schuld daran, dass Sie zunehmen. Die wahren Ursachen für Übergewicht liegen tiefer. Sie haben weniger mit Kalorien als vielmehr mit unbefriedigenden Stimmungen und Gefühlszuständen zu tun.

- »Nahrung« lässt sich nicht in Kalorien messen. Der Mensch lebt nicht von Brot allein. Das Gefühl von Mangel, das Gefühl, dass irgendetwas fehlt und die Unzufriedenheit, die dadurch verursacht wird, können Sie nie durch auch noch so viel Essen füllen. Dennoch lässt sich der Hunger nach Leben stillen; dazu müssen Sie herausfinden, wie Sie sich wirklich *nähren* können, indem Sie besser für sich sorgen.

- Indem Sie *achtsames Essen* kultivieren, entwickeln Sie nicht nur ein unverkrampftes Verhältnis zum Essen und Genießen, sondern Sie kommen mit der Weisheit Ihres Körpers in Kontakt und lernen, seine Signale wieder besser zu verstehen.

- Wenn Sie lernen, bewusst zu genießen, können Sie dadurch viel mehr bewirken als durch Willenskraft. Denn wer achtsam genießt, der isst automatisch weniger. Achtsamkeit löst Stress auf und entspannt Körper und Geist. Da Stress in der einen oder anderen Form aber immer die Ursache für Übergewicht ist, ist Stressbewältigung zugleich immer auch ein erster Schritt in Richtung Gewichtsregulation.

- Statt Übergewicht als Problem zu sehen, kann es für Sie auch zu einer Chance werden. Achtsamkeit hilft Ihnen, hinter den Spiegel zu schauen, Ihre Stressmuster zu erkennen, Selbstverurteilung aufzugeben und Freundschaft mit sich selbst zu schließen.

Schalten Sie den Autopiloten aus!

Übergewicht ist ein guter Grund dafür, den Autopiloten einmal bewusst zu deaktivieren und schädliche Denk- und Verhaltensmuster zu durchbrechen. Wie stark diese Muster sein können, sehen wir leider tagtäglich:

- Während wir frühstücken, lesen wir die Zeitung und zählen längst nicht mehr mit, das wievielte Brötchen wir uns da gerade schmecken lassen.

- Wir lesen und beantworten unsere E-Mails, während wir gleichzeitig Vanilleeis löffeln oder Erdnüsse knabbern.

- Die XXL-Chipstüte ist schon lange leer, bevor in der Fernsehserie auch nur der erste Werbeblock erreicht ist. Und anschließend wundern wir uns, wo um alles in der Welt nur all die Chips geblieben sind.

- Auf der Betriebsfeier unterhalten wir uns angeregt … und wir bemerken erst, dass wir satt sind, nachdem wir unseren Teller bereits zum dritten Mal am Dessertbuffet beladen haben und es im Bauch bereits kräftig zwickt.

- Während wir Auto fahren, knabbern wir »Energieriegel« …

- Während wir mit einer Freundin telefonieren, muss die Pralinenschachtel dran glauben …

- Und während wir zum nächsten Meeting hetzen, halten wir uns an unserem Coffee-to-go fest und verzehren im Laufschritt schnell noch ein Thunfischwrap …

Vermutlich kommen Ihnen einige dieser Beispiele für ferngesteuertes Essen bekannt vor. Jeder von uns kennt wohl ähnliche Situationen. Was passiert hier? Sicher: Wir essen zu viel, zu schnell und vielleicht auch das Falsche – aber warum? Die Antwort ist einfach:

Wir entscheiden meist nicht selber, was und wie wir essen, sondern handeln mehr oder weniger unbewusst. Unser Bauch scheint sich dabei wie von Zauberhand zu füllen.

Unbewusst zu essen ist ganz normal. In unserer Gesellschaft ist es üblich, seine Aufmerksamkeit auf mehrere Dinge gleichzeitig zu lenken. Psychologen haben jedoch herausgefunden, dass abschweifende Gedanken unglücklich machen, wohingegen die Konzentration auf eine Sache ein Gefühl der Befriedigung verschafft. Im Alltag und bei der Arbeit führen Zerstreuung und Unachtsamkeit»nur« dazu, dass wir unzufrieden werden. Schlimm genug. Doch beim Essen führt Unachtsamkeit auch noch dazu, dass wir dick werden, ohne uns dabei wirklich befriedigt zu fühlen.

Wer beim Essen nicht wach ist, lebt gefährlich; vielleicht nicht ganz so gefährlich wie jemand, der beim Autofahren einschläft, aber doch riskant genug, um Übergewicht, Stoffwechselstörungen, Herz-Kreislauf-Erkrankungen oder Diabetes Tür und Tor zu öffnen. Aufzuwachen kann manchmal lebensrettend sein. Und genau darum geht es, wenn wir unsere Achtsamkeit entwickeln – aus unseren Schlummer- und Trancezuständen zu erwachen und uns dem Leben mit wachem, klarem Geist zuzuwenden.

Die Fallen jenseits der Sahnetorte

Gut die Hälfte aller Deutschen leidet an Übergewicht. Ebenso wie in den USA hat die Fettsucht inzwischen auch bei uns besorgniserregende Ausmaße angenommen. Immer dicker werden die Menschen, immer extremer die Diäten und immer frustrierender ist es für viele, dass diese nicht halten können, was sie versprechen. Und während wir uns immer verkrampfter mit unserem eigenen Aussehen beschäftigen, steigen die Unsicherheit und das Gefühl zu versagen.

Wie ist es möglich, dass so viele von uns die Signale ihres Körpers nicht mehr wahrnehmen können? Immerhin scheint die Sache doch ganz einfach zu sein: Wir sollten essen, wenn wir Hunger haben und wieder aufhören zu essen, wenn wir satt sind. Doch offensichtlich funktioniert dieses simple biologische Überlebenssystem längst nicht mehr. Warum nicht?

Liegt es vielleicht daran, dass die Versuchungen heute einfach zu groß sind? Die Fast-Food-Ketten, die XXL-Packungen, die Süßigkeiten an der Supermarktkasse, die Sandwichbars und Bratwurststände, die Auslagen der Bäckereien und Schnellimbisse … Tag für Tag sind wir einem kulinarischen Dauerbombardement ausgesetzt, wer sollte da noch standhaft bleiben?

Doch andererseits: Wer wirklich satt ist, den werden auch die köstlichsten Versuchungen kaltlassen. Ginge es nur um die körperliche Ebene, so wäre es uns ein Leichtes, unseren Kalorienbedarf auf ein vernünftiges Maß herunterzuschrauben. Doch leider liegt das Problem tiefer: Die eigentlichen Fallen verstecken sich jenseits der Sahnetorte oder der Salamipizza.

Es ist nicht die Torte, die dick macht, es ist die Seele.

Viele Menschen ahnen nicht, welch enormen Einfluss ihre Gedanken, Gefühle und Handlungen auf ihren Körper haben. Wenn wir die Wechselwirkungen zwischen Bewusstsein und Körper ignorieren, wird unser Körper leiden – zum Beispiel indem er mehr Gewicht ansetzt, als ihm gut tut.

Körper und Seele bilden eine untrennbare Einheit. Deshalb beeinflusst das, was wir fühlen, unseren Körper bis in die zelluläre Ebene hinein. Was wir fühlen, hat außerdem eine Menge damit zu tun, wie viel wir wiegen. Wir wissen das im Grunde alle und sprechen ja beispielsweise davon, dass jemand »Kummerspeck« hat oder ein »Frustesser« ist.

Gewichtsprobleme sind keine Kalorienprobleme, sondern hängen ursächlich mit unseren Stimmungen und Gefühlen zusammen. Und zwar mit *negativen* Gefühlen. Denn wenn wir ausgeglichen, zufrieden und rundum glücklich sind, werden wir unseren Körper nicht so leicht überfüttern. Die engen Wechselwirkungen zwischen körperlichen und seelischen Vorgängen werden in der Medizin, der Psychosomatik, der Psychologie und der Gehirnforschung schon lange untersucht. Heute besteht kein Zweifel mehr daran, dass Gefühle wie Langeweile, Einsamkeit, Traurigkeit, depressive Verstimmungen, Frust oder Überforderung das gesunde Essverhalten massiv stören können.

Ebenso wie verdrängte Probleme sich immer wieder an die Oberfläche drängeln, so kehren auch durch Crashdiäten verdrängte Pfunde bald wieder auf die Waage zurück. Die Frage, die Sie sich daher immer wieder stellen sollten, lautet: Was suchen Sie beim Essen *jenseits* der körperlichen Sättigung? Vielleicht Genuss? Vielleicht Geborgenheit, Trost oder Erfüllung? Vielleicht mehr Lebendigkeit? Auch wenn die Gemütsverfassungen, die Übergewicht verursachen, ganz unterschiedlich sein können, so gibt es doch auch einige Gemeinsamkeiten:

- Gier, Heißhunger und Lust auf Kalorienreiches entstehen *immer* aus dem Gefühl des Mangels. Irgendetwas fehlt uns – wir sind nicht befriedigt. Und da wir uns leer fühlen, sehnen wir uns danach, genährt zu werden.

- Mangel und innere Leere erzeugen innere Anspannungen und damit Stress.

- Anspannungen und Stress stören unser inneres Gleichgewicht und auch unser äußeres, denn Stress macht dick, wie wir heute wissen.

- Umgekehrt löst Übergewicht belastende Gefühle wie Unzufriedenheit, Scham oder Gewissensbisse aus und erhöht so wiederum den Stress, womit sich der Teufelskreis endgültig schließt.

Inneres Ungleichgewicht führt oft zu äußerem Übergewicht. Übergewicht verstärkt dann wiederum das innere Ungleichgewicht.

Dass die Lösung für diese Probleme nicht darin liegen kann, auf Kohlenhydrate oder tierische Fette zu verzichten oder mal 14 Tage lang ausschließlich Karotten oder Ananas zu essen, liegt auf der Hand. Eine Lösung, die diesen Teufelskreis langfristig zu durchbrechen vermag, muss schon ganzheitlicher gedacht sein. Und hier kommt die Achtsamkeit ins Spiel, die eben nicht nur auf der körperlichen Ebene ansetzt, sondern in vielen Bereichen unseres Lebens und Essens Veränderungen hervorruft. Achtsamkeit dient dabei als Ausweg aus vier verschiedenen Fallen:

1. Falle: Innerer Mangel

Das Gefühl des »Zuwenigs« verführt uns oft zu dem verzweifelten (und völlig sinnlosen) Versuch, die innere Leere durch äußere Nahrung zu füllen. Im Gegensatz dazu schult Achtsamkeit unser Bewusstsein darin, den Blick auf das zu lenken, »was ist«. Statt auf das, »was fehlt« zu schauen, konzentriert sich unsere Aufmerksamkeit zunehmend auf all das, was da ist. Und da jeder Augenblick mit Leben und Empfindungen angefüllt ist, ist auch immer genug »Nahrung« vorhanden. Achtsamkeit schenkt uns innere Fülle, und die macht sehr viel besser satt als äußere.

2. Falle: Stress

Nicht nur innerer Mangel ruft Stress hervor. Es gibt auch viele andere Faktoren wie etwa Zeitmangel, Eile, Leistungsdruck, Versagensängste, Langeweile oder Liebeskummer. Übergewicht kann uns darauf hinweisen, dass wir bisher noch keine anderen Wege entdeckt haben, Stress abzubauen als durch Essen. Der effektivste Weg zur Gewichtsreduktion liegt nicht darin, Übergewicht zu bekämpfen, sondern uns von inneren Anspannungen und Stressmustern zu befreien. Nachweislich eignen sich achtsamkeitsbasierte Methoden sehr gut, um aus der Stressspirale auszusteigen. Wer entspannt ist und sich innerlich befriedigt fühlt, läuft kaum Gefahr, »sich vollzustopfen«.

3. Falle: Fressanfall

Wenn alle Stricke reißen und wir manchmal keine andere Möglichkeit finden, um unseren inneren Hunger zu stillen, können wahre Fressorgien die Folge sein. Das kennt sicher jeder von uns. Achtsam sein heißt dann nicht, sich für sein Verhalten zu verurteilen, sondern anzuerkennen, was ist. Und manchmal ist eben der Rieseneisbecher mit Sahne das, was ist. Doch auch während wir uns das Eis in beachtlichem Tempo (wie es sich für einen ordentlichen Fressanfall ja schließlich gehört) in den Mund stopfen: Es ist nie zu spät, um achtsam zu sein!

Wenn Sie die Technik des achtsamen Essens kennen, werden Sie vielleicht wenigstens *einen* Löffel Eis inmitten Ihres Fressanfalls ganz bewusst genießen können, sich das Eis langsam auf der Zunge zergehen lassen, die Temperatur in der Mundhöhle spüren, die Konsistenz und wie das Eis allmählich immer flüssiger wird, wann der Impuls zum Schlucken kommt und wie sich das überhaupt anfühlt – wie es sich wirklich anfühlt, Eis zu essen … Und allein durch diesen kleinen Augenblick achtsamen Essens werden Sie den Fressanfall vielleicht stoppen oder bremsen können. Und wenn nicht dieses, dann vielleicht nächstes oder übernächstes Mal.

4. Falle: Schlechtes Gewissen

Unsere übliche Reaktion auf eine Fressattacke oder Übergewicht ist ein schlechtes Gewissen. Wir ärgern uns über uns selbst und über unsere mangelnde Selbstbeherrschung. Dies trägt nicht gerade zu unserem

Wohlbefinden bei – ganz im Gegenteil: Auch Schuldgefühle verursachen Stress, der Teufelskreis beginnt von Neuem und der nächste Fressanfall ist vorprogrammiert. Durch Achtsamkeit lässt sich dieses Muster durchbrechen, denn statt sich zu verurteilen, ist es hilfreicher, wertfrei und genau hinzuschauen. Im Sinne der Achtsamkeit wäre es zum Beispiel sinnvoll, wenn wir zu uns selbst sagen würden:»Sieh an, wer hätte das gedacht, dass ich eine solche Menge Eis auf einmal verschlingen kann – das ist ja interessant.« (statt zu sagen:»Oh Gott, was habe ich da nur wieder getan.«).

Ein wertfreier, freundlicher Umgang mit sich selbst hilft nicht nur, entspannt zu bleiben – er bildet auch die Grundlage dafür, dass wir beim nächsten Fressanfall eine neutralere, objektivere Haltung einnehmen und den Ursachen allmählich auf die Spur kommen können.

Einfach, aber nicht leicht

Achtsam zu sein ist im Grunde sehr einfach. Achtsamkeit gehört zu den Grundfunktionen des menschlichen Geistes. Ebenso wie Sie zerstreut oder konzentriert, müde oder wach, sorgenvoll oder gelassen sein können, so können Sie auch achtsam sein.

Achtsamkeit ist ein Tor zum Hier und Jetzt, das Ihnen jederzeit offen steht. Zugleich ist Achtsamkeit aber auch der Schlüssel zu einem neuen, gesünderen Essverhalten. Wenn Sie sich dafür entscheiden, achtsamer zu leben, können Sie getrost darauf verzichten, Kalorien zu zählen, Ernährungstabellen zu studieren oder sich mit Jo-Jo-Effekten herumzuschlagen. Denn wenn Sie beginnen, besser auf sich aufzupassen und zu spüren, was Sie wirklich brauchen, wird alles sehr, sehr einfach.

Aber: Das heißt leider nicht, dass das alles auch leicht wäre. Für kurze Zeit kann zwar jeder von uns von der Oberfläche der Gewohnheit in die Tiefe des lebendigen Augenblicks eintauchen – aber dann auch in der Tiefe zu bleiben, das ist nicht so leicht. Das Schwierige ist vor allem, sich immer wieder daran zu erinnern, achtsam zu sein. Dazu brauchen Sie Motivation und Disziplin – zumindest am Anfang. Gerade anfangs sollten Sie lieber keine Wunder erwarten, sondern sich realistische und realisierbare Ziele setzen. Die Wunder kommen dann ganz von allein – aber erst etwas später …

Vom Ziel zum Weg

Wenn Sie Ihr Gewicht reduzieren wollen, verfolgen Sie dabei zunächst ein äußeres Ziel. Sagen wir, Sie wollen zehn Kilo abnehmen. Angenommen, Sie haben es schon mit der einen oder anderen Diät versucht, und das hat (was sehr wahrscheinlich ist) nicht geklappt, dann werden Sie vielleicht eines Tages einen anderen Weg einschlagen. Beispielsweise könnten Sie es mit mehr Bewegung probieren und dreimal pro Woche joggen. Dabei wird Jogging zunächst ein Weg zum Ziel für Sie sein: Sie laufen, um abzunehmen.

Was dann aber bei vielen, die durchhalten, passiert, ist interessant: Im Laufe der Zeit merken sie nämlich, dass sie sich immer wohler fühlen, während sie locker durch die Landschaft laufen und den Wind und die Sonne auf ihrer Haut spüren. Sie merken, dass sie auf die regelmäßige Bewegung eigentlich gar nicht mehr verzichten wollen. Ebenso wenig auf das Gefühl, lebendig und fit zu sein. In diesem Moment wird der Weg zum Ziel: Ab jetzt geht es in erster Linie ums Laufen. Die Tatsache, dass man dabei abnimmt und Herz und Kreislauf trainiert ist zwar schön, steht aber nicht mehr im Mittelpunkt.

Ähnlich verhält es sich mit der Achtsamkeit. Anfangs werden Sie Achtsamkeit vielleicht nur als einen Weg ansehen, um abzunehmen. Doch mit der Zeit verschmelzen Weg und Ziel – spätestens dann, wenn Sie anfangen, sich besser zu fühlen. Und das wird automatisch passieren, wenn Sie wach, offen und wertfrei – oder mit einem Wort »achtsam« – mit sich umzugehen beginnen.

Oft erreichen wir unsere Ziele am sichersten dadurch, dass wir uns ausschließlich auf den Weg konzentrieren und das Ziel erst einmal ganz vergessen.

Dieses Buch ist eine Einladung an Sie, sich selbst zu erforschen und sich selbst zu helfen, statt auf Patentrezepte zu vertrauen. Schnelle Lösungen klingen zwar verführerisch, aber die Gefahr ist groß, dass Sie unterwegs scheitern und am Ende nur umso frustrierter sind.

Sie können viel mehr für sich tun als jeder Ernährungsexperte oder Diätberater der Welt: Sie können aufwachen und Ihr Potenzial entdecken. Sie können die Verantwortung für Ihre Gesundheit und Ihr Aussehen übernehmen und das Ruder in die eigenen Hände nehmen.

Und das Einzige, was Sie dazu wirklich brauchen, ist Ihr eigener Geist.

Das Ziel dieses Buches ist es nur, Ihnen zu zeigen, wie Sie Ihren Geist einsetzen und Ihre inneren Ressourcen dabei aktivieren können. Nicht mehr – aber doch auch nicht weniger.

Umlernen ist reine Übungssache

Essen ist Gewohnheitssache. Ebenso wie es gute Gewohnheiten gibt, gibt es natürlich auch schlechte. Achtsamkeit ist eine gute Gewohnheit – zumindest insofern »gut«, als sie angenehme, befriedigende und teilweise durchaus auch beglückende Wirkungen zeigt. Unachtsamkeit führt hingegen leicht zu Problemen. Das gilt auch für Oberflächlichkeit beim Essen. Und dabei ist Übergewicht oft nur das äußere, sichtbare Zeichen für selbstschädigendes Essverhalten.

Wenn wir zu viel wiegen, haben wir irgendwann in unserem Leben damit angefangen, mehr zu essen, als wir brauchen (und als uns gut tut). Doch ebenso wie schlechte Gewohnheiten können wir uns auch gute zu eigen machen. Und das ist vor allem Trainingssache.

»Sie sollten sich gesünder ernähren« – diesen Satz hat wohl manch ein Übergewichtiger schon von seinem Arzt zu hören bekommen. Doch trotz drohender Gesundheitsrisiken: Eine Umstellung der Ernährung gelingt fast nie. Sich gesünder – oder sagen wir lieber »bewusster«, denn das schließt »gesünder« mit ein – zu ernähren, muss trainiert werden.

Kennen Sie den Witz, den Musiker sich gerne erzählen? Ein Tourist fragt einen Passanten. »Können Sie mir bitte sagen, wie ich zur Philharmonie komme?« Der antwortet: »Ganz einfach: üben, üben, üben.«

Wir alle wissen, dass man üben oder trainieren muss, um sich eine Fremdsprache anzueignen, Klavier spielen zu lernen, seine Kondition beim Laufen zu verbessern oder vernünftige Aquarelle zu malen. Dass Übung jedoch auch der Schlüssel ist, um schlechte Gewohnheiten umzuprogrammieren, ist nur wenigen bewusst.

Jedes Mal, wenn Sie unachtsam und/oder nebenbei essen,»trainieren«
Sie dabei

- zu schnell zu essen,
- zu oft zu kalorienreichen Mahlzeiten und/oder Snacks zu greifen,
- zu große Portionen zu essen,
- nicht genau hinzuschauen, was Sie brauchen,
- die Signale Ihres Körpers nicht ernst zu nehmen,
- Essen als Ersatzbefriedigung zu nutzen.

Natürlich ist es gut möglich, dass Ihre Eltern Ihnen schon in Ihrer Kindheit dabei »geholfen« haben, schädliche Verhaltensmuster einzuüben. Das ist weder schlimm noch schlecht, sondern es ist einfach so. Sicher gab es gute Gründe dafür, die nichts mit böser Absicht zu tun hatten. Welche das sein könnten, das soll uns an dieser Stelle nicht interessieren. Im Moment genügt es zu wissen, dass Sie jederzeit die Möglichkeit haben, Muster zu durchbrechen und Ihr Leben wieder selbst in Besitz zu nehmen. Niemand kann Sie daran hindern.

Forscher haben entdeckt, dass auch »emotionale Esser« durchaus wieder zu einem harmonischeren und gesünderen Essverhalten finden können. Sie haben außerdem entdeckt, dass der erste Schritt darin liegen muss, zu erkennen. Nur wer lernt, seine Essgewohnheiten (und damit sich selbst) genau unter die Lupe zu nehmen, kann dauerhafte Veränderungen bewirken.

Nur wenn Sie sich bewusst werden, dass Sie oft automatisch essen – und automatisch zu essen ist sicher der häufigste »Ernährungsfehler« überhaupt – können Sie eine Alternative entwickeln. Die Alternative, um die es in diesem Buch geht, besteht darin, aufzuwachen und achtsam zu handeln und so seine Entscheidungs- und Bewegungsmöglichkeiten zu erweitern.

Sie können schlechte in gute Gewohnheiten umwandeln. Sie können Ihren Geist daran gewöhnen, achtsam, klar und gelassen zu sein und auf diese Weise Stress und negativem Verhalten rund ums Essen entgegenzuwirken. Umlernen ist keine Zauberei, sondern einzig und allein Übungssache.

Achtsamkeit: Der Schlüssel zur Freiheit

In unserer heutigen Gesellschaft wird viel Wert auf Freiheit gelegt. Wir sind freie Bürger mit freien Wahlen. Wir haben freien Zugang zu Medien und Konsumgütern. Die Garantie zur Freiheit ist sogar in der Verfassung verankert. Wir können jederzeit unsere Grundrechte einklagen, können beispielsweise unsere Meinung frei äußern oder unseren Partner, unsere Religion und unseren Beruf frei wählen.

Das hört sich gut an und ist zweifellos auch ein großes Privileg. Doch Hand aufs Herz: Fühlen Sie sich wirklich frei? Haben Sie das Gefühl, selbst über Ihr Leben entscheiden und Ihren freien Willen auch wirklich zu Ihrem persönlichen Glück einsetzen zu können?

Was nützt es uns, unter Hunderten von Möglichkeiten wählen zu können, wenn wir doch ewig Gefangene unserer alten Verhaltensmuster und immer gleichen Gewohnheiten bleiben? Natürlich »könnten wir auch anders« – wir könnten anders leben, uns mehr bewegen, uns gesünder ernähren, mehr für die Umwelt tun, uns vielleicht auch eine befriedigendere Beziehung oder eine spannendere Beschäftigung suchen. Doch welchen Sinn hat es, dass uns diese Alternativen theoretisch offenstehen, wenn uns zugleich die innere Freiheit fehlt, um sie auch wirklich zu ergreifen?

Auf dem Weg, der uns aus alten Mustern, Zwängen und Gewohnheiten befreien kann, nimmt Achtsamkeit eine Schlüsselfunktion ein. Bei der Einübung der Achtsamkeit wird sehr schnell klar, dass wir viel mehr Wahlmöglichkeiten haben, als wir glauben. Kämpfen oder Flüchten, Aggression oder Resignation – das sind beileibe nicht die einzigen Reaktionsmuster, mit denen wir auf Belastungen reagieren können.

Durch Achtsamkeit können wir den inneren Freiraum gewinnen, den wir brauchen, um die Kontrolle zu übernehmen, statt automatisch zu reagieren. Allein schon durch das genaue Wahrnehmen einer Situation, durch unsere Präsenz, verändern wir die Situation und gewinnen neue Wahlmöglichkeiten – und das gilt auch und insbesondere beim Essen.

Was heißt eigentlich »Achtsamkeit«?

Wie Sie natürlich längst wissen, geht es in diesem Buch nicht nur um Essen, sondern auch um Achtsamkeit. Wahrscheinlich geht es sogar noch ein bisschen mehr um Achtsamkeit als um Essen. Wir werden im Folgenden also immer wieder auf diesen Begriff zu sprechen kommen. An dieser Stelle soll es genügen, einen Blick darauf zu werfen, was »Achtsamkeit« eigentlich bedeutet.

Jon Kabat-Zinn – der Begründer von MBSR (»Mindfulness-Based Stress Reduction«, bei uns besser unter »Stressbewältigung durch Achtsamkeit« bekannt) – sagt, dass Achtsamkeit oder auch Aufmerksamkeit in erster Linie bedeutet, jeden einzelnen Augenblick bewusst zu erleben. Es geht also darum, ganz in das Jetzt einzutauchen, oder wie Buddha es ausdrückte: »Es gibt nur eine Zeit, in der es wirklich wichtig ist aufzuwachen, und diese Zeit ist jetzt.«

Achtsamkeit hat sehr viel mehr damit zu tun, den Augenblick sinnlich zu erleben, als ihn intellektuell zu analysieren. Der indische Philosoph und Autor Jiddu Krishnamurti definierte Achtsamkeit als ein aufmerksames, waches Beobachten, das vollkommen frei ist von Interpretationen, Wünschen, Motiven oder Wertungen.

Einfach ausgedrückt geht es bei der Achtsamkeit darum, innezuhalten, genau hinzusehen (und auch ein bisschen länger als sonst) und sein Bewusstsein auf den Augenblick auszurichten. Es geht darum, einmal wirklich das zu tun, was wir gerade tun und einmal wirklich das zu erleben, was wir gerade erleben.

Achtsam sein statt Kalorien zählen

Wenn Sie den Weg der Achtsamkeit nutzen wollen, um selbstschädigendes Essverhalten zu durchbrechen (oder einfacher: um abzunehmen), dann ist es wichtig, die Prinzipien der Achtsamkeit beim Essen kreativ umzusetzen. Viele Menschen, die einen Kurs in »Stressbewältigung durch Achtsamkeit« (MBSR) absolviert haben, haben anschließend gestaunt, dass sie dabei abgenommen haben – und das, ohne dass sie sich das irgendwie vorgenommen hätten. Es ist »einfach so« passiert. Schon ohne die gezielte Ausrichtung auf die Ernährung scheint die Übung der Achtsamkeit bei vielen also beachtliche Wirkungen auf das Körpergewicht zu haben.

Natürlich können auch Sie einen achtwöchigen MBSR-Kurs belegen und darauf hoffen, dass Sie dabei Übergewicht abbauen. Allerdings ist es gut möglich, dass Sie dabei »nur« Stress abbauen, denn das ist ja immerhin das Ziel dieser Kurse.

In diesem Buch werden Sie achtsamkeitsbasierte Techniken kennenlernen, die Ihnen helfen, systematischer vorzugehen. Ebenso wie Achtsamkeit gezielt gegen Stress oder chronische Schmerzen eingesetzt werden kann, kann sie auch gegen schädliche Essgewohnheiten oder Übergewicht eingesetzt werden. Die Prinzipien bleiben die gleichen: Statt wie ferngesteuert zu agieren, können Sie aus dem automatisch ablaufenden Film aussteigen und lernen, sich zu zentrieren.

Sie können üben, zu Ihren jeweiligen Sinneserfahrungen zurückzukehren und sich (zum Beispiel beim Essen) zu beobachten – und zwar freundlich und mitfühlend. Dabei können Sie wieder lernen, die Sprache Ihres Körpers zu entschlüsseln und Ihre eigenen Grenzen deutlicher zu spüren.

Sie haben die Wahl

Eines der wichtigsten Ziele von Achtsamkeitsübungen ist es, mehr inneren Freiraum zu gewinnen. Tatsächlich haben Sie mehr Wahlmöglichkeiten, als Sie glauben. Wenn Sie sich dazu entscheiden, mit Ihrer Achtsamkeit in Bezug auf Ihre Essgewohnheiten zu arbeiten,

- sind Sie nicht mehr gezwungen, auf Ihre üblichen Reaktionsmuster hereinzufallen,

- werden Sie nicht immer wieder in die gleichen Fressfallen hineintappen,

- können Sie herausfinden, *warum* Sie oft zu viel essen, statt das einfach hinzunehmen und ewig in der aussichtslosen Schlacht mit den Kalorien stecken zu bleiben.

Unsere Reaktionen scheinen automatisch abzulaufen und nicht allzu viel mit freiem Willen zu tun zu haben. Und tatsächlich lassen uns manche Reize auch gar keine Wahl: Wenn wir unsere Hand über eine Flamme halten, *müssen* wir sie zurückziehen – es geht nicht anders. Allerdings haben wir es hier mit der einfachsten Form der Reizreaktionsverbindung zu tun – mit einem Reflex. Und Reflexe können wir tatsächlich nicht beeinflussen.

Doch in ein Wurstbrot hineinzubeißen, das auf unserem Teller liegt, ist eine andere Sache. Ein ausgehungerter Hund hat hier keine Wahl: Wenn Sie ihm die Wurst vor die Nase halten, wird er nicht lange fackeln und sofort zuschnappen. Wir haben hingegen durchaus die Wahl. Niemand zwingt uns, reflexartig zu reagieren – weder beim Wurstbrot noch bei der Tafel Schokolade.

Wir können lernen, proaktiv zu handeln und damit die Verantwortung für unser Verhalten selbst übernehmen. Damit es uns aber gelingt, das Schema »Reiz – Reaktion« zu durchbrechen und eben nicht automatisch auf Reize wie etwa den Duft einer Pizza Prosciutto zu reagieren, ist es wichtig, dass wir unsere Reaktionen neu einüben.

Achtsamkeit hilft Ihnen dabei, vom »ich muss« zum »ich will« zu gelangen. Auf eine neue, bewusstere Weise zu reagieren, führt dazu, dass Sie

- mehr spüren können,
- intensiver genießen werden,
- mehr akzeptieren können,
- die Intelligenz Ihres Körpers entwickeln werden.

Sie haben die Wahl, die Kontrolle zu übernehmen. Beispielsweise schon bevor Sie etwas essen. Oder auch während einer Mahlzeit. Ja, sogar noch danach. Doch dabei geht es nicht um Zwang oder Drill. Vielmehr geht es um eine sanfte Art der Kontrolle, die aus dem Herzen kommt.

So, wie ein Schäfer seine Schafe hütet, so, wie er sie beobachtet, auf sie aufpasst und wenn nötig einschreitet, um sie vor Gefahren zu schützen, so können Sie zum Schäfer Ihrer Gedanken, Gefühle und Reaktionsmuster werden und sie da, wo es nötig ist, auch bewusst führen.

Ein neuer Anfang

Schon innerhalb weniger Wochen können Sie lernen, achtsam zu essen. Dabei werden Sie sich nach und nach von alten Ernährungsgewohnheiten befreien. Es gibt einige klare Anzeichen dafür, wenn Sie beginnen, sich aus der Falle des automatischen oder emotionalen Essens zu befreien:

- Sie werden langsamer essen und gründlicher kauen.

- Sie werden nur noch so viel essen, wie Ihr Körper braucht, und Sie werden aufhören zu essen, wenn Sie satt sind.

- Sie werden abnehmen – je mehr Übergewicht Sie haben, desto deutlicher wird das sein.

- Sie werden merken, dass Sie viele Nahrungsmittel gar nicht aus Hunger, ja nicht einmal aus Lust, sondern nur aus reiner Gewohnheit essen.

- Sie werden herausfinden, dass einige Speisen Ihrem Magen nicht bekommen, Ihre Verdauung belasten oder Sie müde und energielos machen.

- Sie werden sich keine Speisen mehr verbieten oder sich Diätregeln unterwerfen, sondern das essen, worauf Sie wirklich Lust haben.

- Sie werden Essen immer seltener als Ersatz benutzen und Wege finden, emotionale Bedürfnisse anders zu nähren als durch Kalorien.

- Sie werden sich bei Ihren Mahlzeiten nicht mehr so oft durch Fernsehen, Radiohören oder Lesen ablenken lassen, sondern mehr Zeit für das Genießen haben wollen.

Und doch: Beim Erlernen des achtsamen Essens gibt es kein »Ziel«. Das Ende ungesunder, belastender Ernährungsgewohnheiten geht unmittelbar in den Anfang einer neuen, genussvolleren Art zu essen (und zu leben) über.

Es wird eine Zeit kommen, wo es Ihnen ziemlich egal sein wird, wie viel Sie wiegen. Sie werden dann nicht mehr an die Waage oder Ihren BMI-Wert denken, da Sie selbst genau spüren werden, was Sie beschwert und belastet.

Achtsamkeit ist kein Mittel zum Ziel, sondern ein Prozess. Und je tiefer Sie in diesen Prozess, in diese Entwicklung eintauchen, desto spannender und befriedigender wird das Ganze. Das Gute daran ist, dass dieser Prozess schon mit der nächsten Mahlzeit, die Sie nach dem Lesen dieser Zeilen einnehmen werden, beginnt. Denn wenn Sie erst einmal wissen, dass es möglich ist, den Lichtschalter zu betätigen, werden Sie auch beginnen, nach ihm zu suchen ...

Die fünf Achtsamkeitsübungen – der Weg zur Leichtigkeit

Eigentlich wäre es am besten, nichts über Achtsamkeitstechniken zu verraten. Jedenfalls nicht darüber, warum man sie einsetzt, was ihr Sinn ist und welche Wirkungen zu erwarten sind. Das Geheimnis der Achtsamkeit liegt darin, einfach achtsam zu sein. Und dazu braucht man eigentlich gar keine »Technik«.

Buddha, auf den das Prinzip der Achtsamkeit ebenso wie die heutigen Stressbewältigungsmethoden wie MBSR letztlich zurückgehen, hätte Ihnen einfach geraten: »Setzen Sie sich aufrecht und entspannt hin – entweder unter einen Baum oder in ein ruhiges Zimmer. Und dann achten Sie beim Einatmen auf das Einatmen, beim Ausatmen auf das Ausatmen. Immer wieder.«

Buddha hat seine Anweisungen zwar noch ausgedehnt und empfohlen, die Achtsamkeit nicht nur auf den Atem, sondern auch auf den Körper, die Gefühle und den Geist zu richten – sich entspannt und wach aller Empfindungen gewahr zu werden, die das Feld unseres Bewusstseins berühren. Doch viel mehr ist es im Grunde nicht. Und noch heute bildet die Atembeobachtung den Grundpfeiler aller achtsamkeitsbasierter Methoden und vieler spiritueller Schulen. Anderseits wollen Sie wahrscheinlich doch etwas mehr über Achtsamkeit wissen. Das ist verständlich, da es Ihnen vermutlich ebenso geht, wie vielen anderen Menschen: Nachdem Sie jahrelang mit Ihrem Gewicht gekämpft und zahlreiche Diäten durchgeführt haben, sind Sie mit dem »Erfolg« alles andere als zufrieden. Jetzt wird es Zeit für Sie, einmal einen ganz anderen Weg einzuschlagen. Und natürlich möchten Sie zuvor wissen, worauf Sie sich auf diesem Weg einlassen.

Erinnern wir uns noch einmal: Achtsamkeit ist Übungssache!

Ob beim Essen, bei der Arbeit oder in Ihren Beziehungen – Sie werden die befreiende Kraft der Achtsamkeit erst dann erfahren, wenn Sie praktizieren. Sie lernen es nur, indem Sie es tun. Auch wenn Sie vom Verstand her vielleicht sofort einsehen, dass es Ihnen gut tun würde, achtsamer zu sein – spüren und erfahren können Sie das nur, wenn Sie es auch Tag für Tag umsetzen.

Zwei Dinge sind wichtig: Erstens müssen Sie sich darüber im Klaren sein, dass Achtsamkeit nicht vom Himmel fällt, sondern geschult werden muss. Und zweitens müssen Sie sich entscheiden, es auch konsequent auszuprobieren.

Wenigstens fünf Wochen lang sollten Sie sich darauf einlassen. Ganz egal, ob Sie Lust dazu haben oder nicht – tun Sie es einfach! Nach dem Fünf-Wochen-Programm können Sie immer noch aufhören und andere Wege einschlagen. Aber während der Zeit des Umlernens ist Regelmäßigkeit entscheidend. Und dabei dürfen Sie auf keinen Fall Ihrer Lust und Laune folgen, da Stimmungen eben gerade nicht regelmäßig gleich bleiben.

Die fünf Achtsamkeitsübungen sind wie ein Werkzeugkasten. Zunächst sollten Sie die Werkzeuge (die Übungen) gut kennenlernen. Anschließend können Sie dann auch dazu übergehen, sie immer freier einzusetzen, je nachdem, was in Ihrem Leben gerade erforderlich ist. Das Ziel besteht darin, sich aus alten Schemen zu befreien, *achtsames Essen* zu lernen und sein Idealgewicht als natürliche Folge seines inneren Gleichgewichts entstehen zu lassen. Das Übungsprogramm, das dahin führt, besteht aus fünf Säulen:

1. Achtsam essen – Weg und Ziel

Im Mittelpunkt des Programms steht das achtsame Essen. Dabei geht es um das Essen an sich, also darum, sich bei den Mahlzeiten, dabei, was und wie wir essen, genau zu beobachten. Wir lernen, jeden Bissen voll auszukosten und die Fülle zu erfahren, die in jedem einzelnen Bissen steckt. Auch die Kunst des Genießens, die Wiederentdeckung der Langsamkeit und die Gestaltung des Umfelds sind dabei wichtige Punkte.

2. Der Bodyscan: Auf Du und Du mit dem Körper

Der Bodyscan ist eine einfache Übung im Liegen – eine imaginäre Reise durch den Körper. Es geht darum, seine Körperwahrnehmung Schritt für Schritt zu verfeinern und wieder Kontakt mit dem eigenen Körper aufzunehmen. Dabei lernen wir, die Botschaften, die unser Körper uns in jedem Moment schickt, zu erkennen und zu verstehen. Dies ist später wichtig, um spüren zu können, ob bestimmte Nahrungsmittel uns bekommen oder nicht und ob wir zu viel oder das Falsche essen. Es ist außerdem wichtig, um zwischen Appetit und Hunger unterscheiden zu lernen.

3. Das Achtsamkeitstagebuch – sich selbst erkennen

Das Tagebuch – genauer gesagt sind es zwei Varianten: ein kleines »Live-Notizbuch« und ein »Rückschau-Tagebuch« – dient dazu, die Muster, in denen wir stecken, zu entlarven. Wir erforschen dabei nicht nur, was wir essen, sondern vor allem, wann und wie wir essen, was wir dabei fühlen und wie es uns vor und schließlich auch nach dem Essen geht. Der Sinn dabei ist nicht, sich zu verurteilen oder »Fehler« aufzudecken – im Gegenteil: Beim Tagebuch ist es wichtig, offen, wertfrei und neugierig auf sein eigenes Verhalten zu schauen und etwas über sich selbst zu erfahren. Je mehr wir nämlich über unsere eigenen Muster lernen, desto mehr Auswahlmöglichkeiten stehen uns anschließend zur Verfügung.

4. Meditation – Freiraum schaffen und loslassen, was belastet

Die Meditation – oder das Sitzen in Stille – steht im Mittelpunkt aller Achtsamkeitsmethoden. Auch beim Thema Abnehmen kann Meditation zu einem wichtigen, ja vielleicht sogar zum wichtigsten Pfeiler unserer Übung werden. In der Sitzmeditation lernen wir, uns zu zentrieren. Wir verbessern unsere Konzentrationskraft und unsere Beobachtungsgabe. Gleichzeitig gewinnen wir inneren Freiraum, der uns davor schützt, wie ferngesteuert zu handeln und unserer spontanen Lust – beispielsweise beim Essen – reflexartig nachzugeben. Durch das Innehalten und die entspannte Beobachtung unseres Geistes werden wir uns auch negativer Gedanken und Gefühle bewusst, die um unser Körpergewicht, unser Aussehen oder unsere Rolle als Übergewichtige kreisen. Im Laufe der Zeit verlieren diese Denk- und Gefühlsmuster ihre Macht über uns.

5. Achtsamkeitsexperimente für zwischendurch – zwölf Alltagsübungen

Neben den vier genannten Grundübungen gibt es einige sehr wirkungsvolle kleine Übungen, die Sie jederzeit zwischendurch einmal einsetzen können. Diese Übungen, die ebenfalls auf dem Prinzip der Achtsamkeit basieren, helfen unter anderem dabei, typische Fressfallen zu umschiffen und sich der umfassenden Bedeutung von Begriffen wie »Nahrung«, »Hunger« oder »Genuss« bewusster zu werden.

Der Hunger nach Leben

Unser Hunger hält uns am Leben. Neugeborene, die das Essen verweigern, müssen künstlich ernährt werden, da sie sonst nicht überleben könnten. Hunger zu haben ist also gesund und natürlich. Hunger ist nötig, um unsere Bedürfnisse erkennen und befriedigen zu können. Allerdings ist nur ein sehr kleiner Teil unserer Bedürfnisse für unser physiologisches Überleben wichtig: Atmen, Essen und Trinken, Schlaf, Wärme, Sex – sehr viel mehr ist es nicht. Im Gegensatz zu unseren natürlichen Bedürfnissen ist unser Hunger nach Leben oft unstillbar, da er der Sehnsucht der Seele entspringt.

Wir sehnen uns nach Glück und Anerkennung. Wir sind hungrig nach Nähe, Liebe und Gemeinschaft. Wir sehnen uns danach, unsere Herzensziele zu finden und zu verwirklichen, Menschen um uns zu haben, mit denen wir uns verbunden fühlen. Wir wollen kreativ, lebendig und frei sein. Und wir haben Hunger nach Lebenserfahrungen.

Gesunde Bedürfnisse sind wichtig für unsere Ziele und unsere Motivation. Schwierig wird es aber dann, wenn unser Hunger nach Leben in Heißhunger nach Schokolade, Fast-Food oder Sahnetorten umschlägt. Das Dumme ist nämlich, dass der Hunger nach Leben so niemals zu sättigen ist.

Einen Ersatz für ungelebtes Leben werden Sie selbst im größten Kühlschrank nicht finden.

Falls Sie unter seelischem Hunger leiden, sollten Sie erstens wissen, dass Sie damit nicht allein, sondern in Gesellschaft Hunderttausender sind. Und zweitens sollten Sie wissen, dass es auch nicht um »Schuld« geht. Es ist ganz normal, Essen als Ersatz zu benutzen und bestimmte Gefühle wegzuschieben, statt sie zu akzeptieren. Es ist normal, »sich nicht im Griff zu haben« und auch völlig normal, nicht allzu genau hinzusehen.

Indem Sie Ihre Achtsamkeit entwickeln, lernen Sie genauer hinzusehen. Doch darum, »sich besser im Griff zu haben«, geht es bei der Schulung der Achtsamkeit nicht. Das Leben kann man nicht im Griff haben, so wenig wie man den Wind einfangen kann. Eines kann man aber doch tun: Die Verantwortung für sein Leben und seine Zufriedenheit übernehmen und besser für sich sorgen.

Wenn Sie Ihr eigenes Bewusstsein zum Objekt Ihrer Beobachtung machen, werden Sie mit der Zeit etwas Interessantes entdecken: Ebenso wie Freude und andere positive Gefühle sind auch negative Gefühle wie Trauer, Wut, Angst oder Einsamkeit nur sehr kurzlebige Erscheinungen im Feld unseres Bewusstseins.

Gefühle sind unbeständig. Ob Leere, Überforderung oder Langeweile – all diese Zustände kommen und gehen, entstehen und vergehen. Das ist gut zu wissen, denn es zeigt, dass auch Verhaltensmuster nicht in Stein gemeißelt sind; sie haben Schwachstellen. Und ihre größte Schwachstelle ist, dass Verhaltensmuster von Stimmungen gesteuert werden. Sobald die negativen Gefühle sich wieder auflösen, löst sich daher auch der Hunger nach Ersatz wieder auf.

Heißhunger währt nicht lange. Wenn Sie gelernt haben, sich zu zentrieren und achtsam zu sein, können Sie sich zurücklehnen und zuschauen, wie Ihr Heißhunger kommt … und wieder geht …

Wunschlos achtsam sein

Wenn Essen zur Ersatzbefriedigung wird, macht sich das natürlich früher oder später auch auf der Waage bemerkbar. Da Übergewicht oft mit einem Verlust an Attraktivität gleichgesetzt wird, wünschen sich viele Menschen vor allem eines: Sie wollen abnehmen. Das erklärt die große Beliebtheit von Diätratgebern und Crashkuren.

Der Wunsch, schlank zu sein, nährt den ewigen Kampf gegen die Pfunde. Aus der Boulevardpresse wissen wir, dass Stars und Sternchen nicht nur erfolgreich, sondern meist auch dünn sind. So liegt der Trugschluss nahe, dass auch wir reich, vital, jugendlich und schön wären, wenn wir nur endlich abnehmen würden. Auch wenn ja eigentlich klar sein sollte, dass weder Lebensintensität noch Lebensfreude eine Frage des Körpergewichts ist, verbringen viele von uns den größten Teil ihres Lebens doch damit, ihren Wünschen hinterherzulaufen.

Das ist schade, denn solange wir im Wünschen feststecken, zieht etwas sehr Wertvolles unbeachtet an uns vorbei: unser Leben. Dabei ist das Wünschen an sich gar nicht das Problem. Unser Wunsch, einen Gipfel zu erreichen, motiviert uns, auf den Berg zu steigen; unser Wunsch, abzunehmen, treibt uns dazu an, in Bewegung zu kommen. Das Problem entsteht erst, wenn wir aus dem Wünschen nicht mehr herauskommen. Und das passiert leider sehr leicht.

»Ach, wäre ich doch nur reich« oder »Wie schön wäre es doch, schlank zu sein. Wie wunderbar wäre mein Leben, wenn ich nur weniger wiegen würde«. Und dann? Was, wenn Sie tatsächlich reich und schlank wären? Dann wollten Sie einen besseren Partner, einen kreativeren Job, straffere Haut – wetten?

Wünsche sind endlos – das liegt in ihrer Natur: Kaum ist der eine befriedigt, klopft schon der nächste an der Tür. Und außerdem: Wer im Wünschen, Träumen und Sehnen stecken bleibt, wird jedes Mal enttäuscht sein, wenn er die Augen wieder öffnen und in den Spiegel der Wirklichkeit blicken muss.

Achtsamkeit befreit Sie aus der Wunschfalle. Wo Wachheit ist, ist kein Platz für Illusionen. Während Sie achtsam sind, sind Sie vollkommen wunschlos – im wahrsten Sinne »wunschlos glücklich«.

Natürlich wollen Sie abnehmen. Sie wünschen sich das und das ist gut, da Sie so die Weichen für Veränderungen stellen. Doch belassen Sie es dabei, den Wunsch als Anlasser zu benutzen. Lenken Sie Ihre Achtsamkeit ab jetzt ganz und gar auf den Weg. Zu diesem Weg gehört, dass Sie erst einmal das, was ist, vollkommen akzeptieren. Statt an dem Konflikt zwischen Wunsch und Wirklichkeit zu verzweifeln, sollten Sie freundlich mit dem umgehen, was ist. Und wenn Sie dem Leben auf diese Weise Gelegenheit geben, Sie wieder in Ihre Mitte zu führen, werden Sie das Ziel wie von selbst erreichen – ganz ohne Wunschfee.

Innere Leere, äußere Fülle

Intuitiv »wissen« wir es natürlich längst: Nicht unser physiologischer, sondern unser seelischer Hunger ist schuld daran, dass wir zunehmen. Wenn wir Essen brauchen, obwohl wir eigentlich nicht wirklich hungrig sind, versuchen wir dadurch, einen inneren Konflikt zu überbrücken. Was genau wir dabei suchen oder brauchen, ist uns dann oft gar nicht bewusst oder scheint unerreichbar.

Wenn wir das, was innen fehlt, mit Kalorien ausgleichen, dann fallen wir immer wieder auf den gleichen, wenn auch leider wirkungsvollen Mechanismus herein: Innere Leere verursacht äußere Fülle. Unsichtbarer seelischer Mangel führt zu sehr sichtbarem Übergewicht. Psychologen sprechen dann von »Kompensation«.

Woran aber liegt es überhaupt, dass die Seele dick macht? Warum bleiben wir selbst dann noch unbefriedigt, wenn wir Riesenportionen an Chips oder Keksen verdrückt haben? Dafür gibt es im Wesentlichen zwei Antworten:

1. Die Sehnsucht nach Tiefe

Wir sehnen uns nach intensiven Lebenserfahrungen. Wir wollen fühlen, dass wir leben. Und doch gibt es nur wenige, die Schillers Rat befolgen: »In die Tiefe muss du steigen, soll sich dir das Wesen zeigen.«

Es gibt sicher viele gute Gründe dafür, warum wir lieber an der Oberfläche bleiben: Vielleicht ist uns das Tauchen zu anstrengend oder wir haben Angst davor. Vielleicht hindert uns aber auch die Gewohnheit oder wir wollen lieber nur das machen, »was alle machen«. Dennoch: Oberflächliche Erfahrungen hinterlassen einen fahlen Geschmack – etwas Blutleeres, Lauwarmes, Farbloses. Das Problem, unbefriedigt zu bleiben, tritt aber nicht nur beim Essen auf. Bestimmt kennen Sie das:

- Sie lesen ein Buch, sind aber mit den Gedanken nicht bei der Geschichte, da Sie sich gerade mit Ihrem Partner gestritten haben. Innerlich gehen Sie den Konflikt noch einmal durch ... Und wenn Sie das Buch anschließend weglegen, merken Sie, dass Sie überhaupt nicht mehr wissen, was Sie da gerade gelesen haben. Zurück bleibt das Gefühl, dass Sie nichts von Ihrem Buch gehabt haben.

- Nach langer Zeit treffen Sie einen Freund in einem Bahnhofscafé. Leider hat er nur wenig Zeit, weil er seinen Anschlusszug erwischen muss. Ständig schaut er auf die Uhr und dreht sich zur Anzeigentafel um. Und während Sie ihm etwas von Ihrem neuen Job erzählen wollen, schielt er auf seinem Handy nach der SMS, die er soeben bekommen hat. Wie fühlen Sie sich nach diesem Treffen? Wahrscheinlich haben Sie das Gefühl, Ihre Zeit verschwendet zu haben, weil Sie nichts von Ihrem Freund gehabt haben.

Dieses Gefühl, »nichts davon gehabt zu haben«, tritt auch oft nach dem Essen auf. Ganz egal, wie köstlich und erlesen die Gerichte waren, die auf unserem Teller lagen – wenn wir mit den Gedanken woanders waren, werden wir uns anschließend nicht gesättigt fühlen.

Auch Ablenkungen von außen, wie konfliktreiche Gespräche, Zeitunglesen, Telefonieren oder Surfen im Internet führen dazu, dass wir sehr oberflächlich essen. Wir essen zwar, aber eigentlich nur nebenbei – und die Folge ist, dass wir uns unbefriedigt fühlen, da wir um die Erfahrung des Genießens gebracht wurden (oder uns selbst darum gebracht haben). Es fehlt durchaus nicht an Nährstoffen, sondern an Bewusstsein. Unser Kopf ist nicht dabei. Unser Herz auch nicht. Kein Wunder, dass wir uns daher selbst mit vollem Bauch oft ziemlich leer fühlen.

2. Schokolade statt Liebe?

Der zweite Grund dafür, dass wir uns auch nach reichlichen Mahlzeiten oft unbefriedigt fühlen, hängt damit zusammen, dass wir eigentlich etwas anderes suchen als Essen. Essen ist einfach nur eine schnelle Art der Ersatzbefriedigung. Und während Liebe, Anerkennung oder Erfüllung schwer zu bekommen sind, ist Essbares ja immer greifbar.

Das, was Sie essen, ist selten das, was Sie wirklich brauchen. Innere Leere lässt sich jedoch nicht mit Schokolade füllen.

Emotionaler Hunger ist weit verbreitet. Ebenso wie unsere Vorfahren essen wir zwar auch heute noch, um unseren Körper zu erhalten, doch die Zahl der »emotionalen Esser« wächst.

Emotionale Esser nehmen teils beachtliche Mengen an Nahrung auf, sobald sie sich überfordert fühlen. Neben Anspannungen sind auch Langeweile, Kummer oder depressive Verstimmungen häufige Gründe, verzweifelt zu Messer und Gabel zu greifen. Emotionale Esser essen aber auch, um sich zu belohnen, sich zu verwöhnen, Zeit totzuschlagen oder um mangelnde Wertschätzung auszugleichen.

US-Studien zeigen, dass Frauen gerne zu Süßem greifen, um sich zu trösten. Männer essen seltener um sich zu trösten, sondern eher, um sich zu belohnen – und zwar meist mit deftigen Speisen. Doch egal, ob wir Stress abbauen oder das Belohnungszentrum im Gehirn anregen wollen: Fast immer sind es sehr nährstoffhaltige (und somit leider kalorienreiche) Nahrungs- und Genussmittel, zu denen wir dann greifen. Das ist kein Zufall, sondern zeigt nur, wie verzweifelt wir versuchen, uns »gut zu nähren« – wenigstens auf diese Weise.

Kurzfristig ist Essen als Ersatz durchaus wirkungsvoll. Ebenso wie durch Alkohol oder Drogen kann das Belohnungszentrum auch mit Nahrungsmitteln aktiviert werden. Das Wohlbefinden steigt, Entspannung tritt ein. Ob Sorgen und Probleme mit Alkoholischem hinuntergespült oder mit Essen hinuntergeschluckt werden – es kann in beiden Fällen schnell zur Sucht kommen. Bei regelmäßiger Stimulation reichen »normale« Reize dann nicht mehr aus, um das Belohnungszentrum anzuregen. Die Folge ist, dass wir immer mehr Reize brauchen – ob in Form von Alkohol, Drogen oder Schokolade.

Achtsamkeit als Heilmittel

Achtsamkeit macht Sie natürlich nicht immun gegen Langeweile, Einsamkeit oder Kummer. Doch je achtsamer Sie leben, desto unwahrscheinlicher ist es, dass Sie zum machtlosen Opfer Ihrer Gefühle werden. Achtsamkeit ist ein Heilmittel, das auf mehreren Ebenen ansetzt und sowohl schädlichen Stress- als auch Essmustern entgegenwirkt.

- Die Intensität des Augenblicks

Achtsames Essen – die erste der fünf Achtsamkeitsübungen – bringt Sie mit jedem Bissen ins Hier und Jetzt zurück. Wenn Sie wirklich achtsam essen, verbindet Sie das automatisch mit der Fülle des Augenblicks. Dann werden Sie mit Ihren Gedanken nicht mehr irgendwo anders, sondern ganz und gar bei dem sein, was Sie gerade tun. Die Folge ist, dass Sie

»mehr von Ihrem Essen haben«, und zwar auch dann, wenn Sie letztlich viel weniger essen.

Achtsames Essen nährt uns von innen heraus. Das Gefühl der Leere weicht der Konzentration auf das, was in Ihnen lebendig ist. Entsprechend befriedigter und »voller« werden Sie sich nach dem Essen fühlen.

- Bewusstsein für die wirklichen Bedürfnisse

Bei der Schulung der Achtsamkeit werden Sie sich nicht nur mit dem achtsamen Essen beschäftigen, sondern auch Zeit zur Reflexion haben. Durch die Beantwortung bestimmter Fragen in Ihrem *Achtsamkeitstagebuch* werden Sie sich selbst immer genauer beobachten können. Auf diese Weise können Sie Stimmungen und Situationen ausfindig machen, in denen Sie gewohnheitsmäßig zu viel essen. Sie können möglichen Suchttendenzen auf die Schliche kommen und herausfinden, wo die wirklichen Bedürfnisse sich verstecken, die Sie durch Essen ersetzen wollen. Je ausgeprägter Ihr Bewusstsein für Ihre wahren Bedürfnisse ist, desto größer die Chance, dass Sie Wege finden werden, sie auf sinnvolle Weise zu erfüllen.

- Wach für die Botschaften des Körpers sein

Eine der fünf Achtsamkeitsübungen ist der *Bodyscan*. Diese Technik hilft Ihnen, auf Tuchfühlung mit Ihrem eigenen Körper zu gehen und sehr genau auf seine Botschaften zu achten. In Situationen oder Zuständen, in denen Sie achtlos und automatisch essen – und das wird immer wieder passieren – kann Ihr Körper derjenige sein, der die Notbremse zieht und »Stopp« ruft. Ein gut entwickeltes Körperbewusstsein schützt Sie davor, zu viel zu essen oder zu Speisen zu greifen, die Ihnen nicht bekommen.

- Glücklich durch Achtsamkeit

Ein weiterer wichtiger Pfeiler der Achtsamkeitsübungen ist die *Meditation*. Je regelmäßiger es Ihnen gelingt, auch nur 10 oder 15 Minuten in Stille zu sitzen, desto stärker können Sie sich im Sein verwurzeln. In dieser Zeit nähren Sie sich aus der Quelle Ihrer Lebensenergie. Die Achtsamkeit gegenüber den eigenen Gedanken und Gefühlen lässt die stürmischen Wellen im Geist langsam zur Ruhe kommen. Wenn Sie die Fülle in so einfachen Dingen wie Ihrem Hiersein, Ihrer Haltung, der Atmung oder dem Lauschen erfahren können, werden Sie sich erfüllt und glücklich fühlen.

Indem Sie Gelassenheit bewahren und vollkommen präsent sind, stillen Sie den Hunger, der aus der Seele kommt und damit den Drang, nach Ersatzbefriedigungen zu suchen.

Schöne neue Fast-Food-Welt?

Ein Gang durch den Supermarkt genügt, um den Eindruck zu gewinnen, als hätte eine geheimnisvolle Macht es darauf abgesehen, uns zu mästen. Tatsächlich gibt es diese Macht auch – und sie ist gar nicht so geheimnisvoll: Ganze Industriezweige hängen davon ab, dass wir mehr essen (und mehr Nahrungsmittel kaufen) als uns gut tut. Und so gesellen sich zu den inneren Fressfallen (der Suche nach Ersatz, Stress, Unzufriedenheit usw.) auch noch jede Menge äußerer – in Form von Überfluss und einer ständigen Überversorgung mit Kalorienreichem.

Noch nie zuvor hatten wir die Wahl zwischen so viel verschiedenen Chips-, Müsli-, Nudel- und Kekspackungen, zwischen so vielen Arten von Süßigkeiten, so vielen Joghurt-, Käse- oder Brotsorten. Allein die Suche nach der richtigen Marmelade kann beim Einkaufen zu einer zeitaufwendigen Beschäftigung werden.

Zahlreiche Lebens- und Genussmittel, die heute die Regale der Supermärkte füllen, gab es vor wenigen Jahren noch gar nicht. Die Palette an Farb-, Konservierungs- und Zusatzstoffen wächst rasant – dafür sorgen die »Food-Designer«, die zudem für immer neue Geschmacksexplosionen auf den Zungen der Konsumenten verantwortlich sind. Heute können wir praktisch immer alles essen – und was nicht bei uns wächst, wird eben ein paar Tausend Kilometer per Flugzeug zu uns transportiert.

Ist das schon das Paradies? Leider nein. Denn während der Überfluss bei uns einerseits dekadente Dimensionen erreicht hat, klagen auf der anderen Seite so viele Menschen wie nie zuvor über Depressionen, Burn-out und innere Leere. Äußere Fülle scheint also keine Garantie für innere Zufriedenheit zu sein; und wer weiß: Vielleicht trifft sogar eher das Gegenteil zu …

Schnell noch was essen!

Zeit ist ein kostbares Gut. Das wissen wir schon lange. Aber gerade heute ist Zeit kostbarer denn je, was man auch daran sieht, dass keiner sie mehr hat. Zeit ist ein Luxusgut geworden – nur noch etwas für jene vom Schicksal Begünstigten, die nicht unter permanentem Zeitdruck stehen.

Für alle Normalsterblichen gilt: Zeit ist Geld. Schnell muss es gehen – nicht nur im Zug, im Internet und im Büro, sondern auch beim Essen. Vier Minuten. Länger dauert die Nahrungsaufnahme beim typischen Fast-Food-Konsumenten im Schnitt nicht – das haben Studien gezeigt.

Für viele ist Essen heute zu einer Art Nebenbeschäftigung geworden – hier noch einen Bagel im Vorbeigehen, dort eine Pizza vom Lieferservice oder einen doppelten Burger aus dem Drive-in. Und auf Traditionalisten wartet die Currywurst am Bratwurststand.

Fast-Food ist schnell und billig. Das sind die Vorteile. Allerdings gibt es auch einige gewaltige Nachteile – zwar nicht für unseren Geldbeutel oder unseren Terminkalender, wohl aber für unsere Gesundheit, unsere Lebensfreude und vielleicht sogar für unser Glück.

- Kalorien statt Vitamine

Ob Burger, Pizza, Pommes oder Gyros – Lebensmittel aus dem Schnellimbiss enthalten jede Menge Fett, Zucker oder Salz. Auch künstliche Zusätze wie Geschmacksverstärker sind in Fast-Food reichlich enthalten. Ganz im Gegensatz zu Vitaminen und bioaktiven Substanzen – nach ihnen kann man im Hamburger nämlich lange suchen. Kein Wunder also, dass man Fast-Food-Konsumenten schnell an ihrer Figur erkennt. Und dass ein hoher Anteil von Fast- und Junk-Food in der Ernährung das Risiko für Herz-, Gefäß- und Stoffwechselerkrankungen drastisch erhöht, ist ebenfalls nicht verwunderlich.

- Zu schnell = zu viel

Wer Fast-Food zu sich nimmt, neigt dazu, zu schlingen. Für Burger, Pizza und Hotdogs braucht man weder Teller noch Messer und Gabel. Pappdeckel und Serviette genügen. Die Nahrung wird mundgerecht in Form von Häppchen (oder durchaus auch beachtlichen Happen) aufgetischt – und schon um Soßenflecke auf der Hose zu vermeiden, isst man schneller, als einem gut tut. Der typische Fast-Food-Konsument stopft sein

Essen eher in sich hinein, als dass er es genießen würde. Das ist einfach praktischer. Doch wie wir gesehen haben, hat das »praktische« Nebenbeiessen auch seine Schattenseiten: Wer sein Essen nicht auskostet, kommt letztendlich nicht auf seine Kosten. Der Bauch ist voll, aber das Herz bleibt hungrig.

Keine Zeit zum Essen – keine Zeit zum Leben

Es gibt ein paar Dinge, für die wir uns wirklich Zeit nehmen sollten. Dazu gehören zum Beispiel unsere Familie, unsere Freunde, unsere Arbeit, aber auch Schlafen und Essen. Erfahrung braucht einfach Zeit.

Ohne die nötige Muße können Sie keine sinnlichen Erfahrungen machen, nicht genießen, sich nicht lebendig fühlen oder im Augenblick schwelgen. Sie müssen zwar nicht Stunden investieren, um ein mediterranes Fünf-Gänge-Menü unter Olivenbäumen auf den ganzen Abend auszudehnen (obwohl das auch seinen Reiz hat) – aber auf die Schnelle funktioniert es einfach nicht: weder Leben noch Lieben, Genießen oder Achtsamsein.

Achtsamkeit schärft Ihr Bewusstsein für die Rhythmen der Natur. Die Natur hat es nicht eilig. Sie können einen Sonnenuntergang nicht im Schnelldurchlauf bekommen. Genauso wenig können Sie das Wachsen der Blumen in Ihrem Garten beschleunigen, indem Sie an den Stängeln ziehen. Entwicklung braucht Zeit. Durch achtsames Genießen erkennen Sie, dass selbst eine Schale einfacher Erdbeeren erstaunliche Geheimnisse bergen kann. Die allerdings kann nur entdecken, wer nicht ständig auf die Uhr schaut.

Achtsames Essen lädt Sie dazu ein, von Fast-Food auf Slow-Food umzusteigen, um Ihrer Lebensfreude mehr Raum zu geben. Denn das Leben ist nicht deshalb zu kurz, weil es kurz dauert, sondern deshalb, weil wir uns zu wenig Zeit nehmen, es zu genießen.

Essprobleme sind Stressprobleme

Natürlich hat Essen zunächst einmal weniger mit Stress, als vielmehr mit Hunger zu tun. Normalerweise essen wir, weil wir hungrig sind. Wir essen allerdings auch, wenn wir in angenehmer Stimmung sind – beispielsweise wenn wir Freude am Genießen haben oder in netter Gesellschaft mit guten Freunden tafeln. Nicht immer ist also Stress im Spiel, wenn's ums Essen geht. Oft aber eben doch – und zwar vor allem dann, wenn die Pferde mit uns durchgehen und aus Hunger Gier oder aus Essen Sucht wird.

Studien zeigen, dass Stress nicht nur die Seele, sondern auch die Figur belasten kann. Wir wissen das ja auch aus eigener Erfahrung: In schwierigen Situationen, in denen wir Trost, Ablenkung oder Entspannung brauchen, greifen wir besonders oft zu Schokolade, Chips oder Pizza.

An sich ist Stress nicht das Problem. Ein bisschen Stress ist anregend und gehört zum Leben. Übersteigt er jedoch ein bestimmtes Maß oder tritt er dauerhaft auf, dann kann Stress sehr zerstörerisch wirken. Zwei Dinge sollten Sie über Stress wissen:

- Es gibt nicht nur äußere Stressauslöser (Stressoren), wie Lärm oder Hitze, sondern auch innere, wie Ängste, zwischenmenschliche Konflikte, Leistungsdruck oder Einsamkeit. Letztere bereiten uns im Alltag wesentlich häufiger Probleme und führen leicht dazu, dass wir zu viel essen.

- Stress ist ein individuelles Problem: Was den einen am Boden zerstört, lässt den anderen kalt. Stresssituationen entstehen in erster Linie durch unsere Reaktionen auf bestimmte Reize und nicht durch die Reize an sich. Stress ist also immer ein Zeichen dafür, dass unsere Anpassungsversuche an belastende Umstände nicht mehr funktionieren. Und erst dann sind wir gefährdet, krank zu werden – oder eben auch dick.

Wie Stress dick macht

Viele Untersuchungen belegen, dass seelische Belastungen dick machen können. Eine interessante Studie wurde dazu in Finnland an eineiigen Zwillingen durchgeführt. Da das Körpergewicht bei eineiigen Zwillingen im Normalfall nahezu gleich ist, suchten die Forscher nach Zwillingspaaren, bei denen der eine Zwilling deutlich mehr wog als der andere. Bei genauerer Untersuchung des Umfelds stellte sich heraus, dass der jeweils schwerere Zwilling unter deutlich stärkerem Stress stand und über Depressionen, Burn-out, Schlafstörungen oder Unzufriedenheit klagte. Die Zwillinge, die unter Stress litten, hatten wesentlich mehr Fett angesetzt als ihre stressfreien Geschwister.

Auch Beobachtungen im Tierreich bestätigen die These vom Stress als Dickmacher. Eine Studie des *Yerkes Primate Research Centers* an der Universität von Atlanta widmete sich dem Stress- und Fressverhalten von Makaken (zu den Meerkatzen gehörende Affen). Die in der strengen Hierarchie untergeordneten Weibchen, die häufige Angriffe von höherrangigen Makaken über sich ergehen lassen mussten, standen besonders stark unter Stress. Die Affendamen aßen deutlich mehr und öfter Kalorienhaltiges als die höherrangigen Tiere. Zudem wiesen sie einen erhöhten Cortisolwert im Blut auf.

Hohe Cortisolwerte scheinen die Entwicklung von Bauchfett zu fördern. Das zeigten auch weitere Versuche, in denen Forscher nachweisen konnten, dass Stresssituationen sogar dann zu einer Gewichtszunahme führen, wenn die Probanden gar keine Nahrung mehr zu sich nahmen. Allein schon das freigesetzte Cortisol scheint also für eine Veränderung des Stoffwechsels und die bessere Verwertung der Nahrung verantwortlich zu sein. In Zeiten lebensbedrohlicher Krisen dürfte das für unsere Vorfahren überlebenswichtig gewesen sein. Heute sind wir jedoch nur noch selten lebensbedrohlichen Krisen ausgesetzt. Unserem Organismus ist das aber egal, denn für ihn gilt: Stress ist Stress.

Teufelskreis »Stressfressen«

In belastenden Situationen – etwa bei Job- oder Beziehungsproblemen – greifen wir häufig zu Kalorienbomben, da Fett und Zucker eine emotional ausgleichende Wirkung haben. Durch die Aufnahme schnell verwertbarer Kohlenhydrate wie Süßigkeiten, Limonaden oder Weißmehl werden zunächst einmal Glücksstoffe im Gehirn freigesetzt. Leider funktioniert Heißhunger als »Stressbewältigungsstrategie« jedoch nicht wirklich. Ebenso wenig wie andere Versuche, die darauf abzielen, Stress zu verdrängen, wie Alkoholkonsum, Arbeitswut oder der Griff zur Zigarette.

Wird Stress nicht auf gesunde Weise verarbeitet (wie beispielsweise durch Sport, Yoga oder Achtsamkeitstraining), bleiben die Stresshormone im Organismus aktiv. Die Folge ist Dauerstress – der Blutdruck steigt, und es können Schlafstörungen, Rücken- und Kopfschmerzen, Herzerkrankungen oder Verdauungsprobleme auftreten.

Die Versuchung, Anspannungen durch Essen zu lösen, ist verständlicherweise groß. Tatsächlich steigt der Blutzuckerspiegel nach dem Genuss von Süßigkeiten ja erst einmal rapide an. Kurzzeitig fühlen wir uns voller Energie und sind dem Stress besser gewachsen. Allerdings stürzt der Blutzuckerspiegel schon in kürzester Zeit wieder steil ab. Wir fallen in ein Energieloch, fühlen uns erschöpft und verspüren erneut Lust auf Süßes.

Es ist nur eine Frage der Zeit, bis unsere Kompensationsversuche sich auf der Waage bemerkbar machen. Durch Übergewicht erhöht sich der Stress dann noch mehr. Denn einerseits belastet jedes Kilo zu viel Herz, Kreislauf und Gelenke und andererseits leidet auch das Selbstbewusstsein.

Wie kann man den Teufelskreis zwischen Stress, Fehlernährung, Übergewicht und erneutem Stress durchbrechen? Dadurch, dass man sich zwingt, abzunehmen?

So einfach ist es leider nicht. Abspecken ist zwar ein gutes Mittel gegen Übergewicht, löst aber nicht das zugrunde liegende Problem. Diäten funktionieren langfristig nicht, da sie uns weder von den belastenden Situationen noch von unseren Konditionierungen befreien. Im Gegenteil: Der Wunsch, in möglichst kurzer Zeit deutlich an Gewicht zu verlieren, verursacht erneut Stress. Zudem erhöhen die meist radikalen Diätregeln den Stress noch zusätzlich. Und je stärker die Belastungen, desto größer die Wahrscheinlichkeit, dass wir wieder einmal im Kühlschrank nach Trost suchen.

Stressbewältigung durch Achtsamkeit

Psychologen haben den Teufelskreis längst erkannt. Aus diesem Grund spielt Stressmanagement in Therapiekonzepten für Adipöse (Fettleibige) eine immer größere Rolle. Es gibt einige Möglichkeiten, auf gesunde Weise mit belastendem Stress umzugehen.

Unter dem Sammelbegriff »Stressmanagement« werden verschiedene Methoden zusammengefasst, die Stress abbauen und die Selbstheilungskräfte anregen helfen. Dazu gehören therapeutische Modelle wie kognitive Therapie oder Konfliktmanagement ebenso wie Ausdauersportarten oder Work-Life-Balance. Insbesondere Entspannungstechniken wie Yoga, autogenes Training oder Meditation erfreuen sich heute großer Beliebtheit.

Zu den neueren und besonders wirkungsvollen Methoden, um Stress abzubauen, gehört die *Stressbewältigung durch Achtsamkeit*, die nicht nur in den USA, sondern teilweise auch hierzulande unter der Bezeichnung MBSR (Mindfulness-Based Stress Reduction) bekannt ist. Nachweislich kann MBSR mit Erfolg eingesetzt werden, um Menschen mit chronischen Erkrankungen, Schmerzen oder auch Depressionen dabei zu helfen, den Stress, den sie durch ihr Leiden erleben, zu bewältigen.

Auch im Zusammenhang mit dem Thema Abnehmen ist Achtsamkeitstraining interessant. Einerseits helfen achtsamkeitsbasierte Übungen dabei, mit der psychischen und körperlichen Belastung umzugehen, die es bedeutet, übergewichtig zu sein. Andererseits setzt Achtsamkeit aber auch schon beim Essen selbst an.

Die Übungen in diesem Buch werden Ihnen dabei helfen, herauszufinden, wo Ihr persönlicher Ausweg aus dem Teufelskreis aus Stress und Übergewicht liegt. Achtsamkeit hilft Ihnen zudem, sich besser zu entspannen und somit Stress- und Fressfallen zu vermeiden. Das fünfwöchige Programm, das Sie am Ende dieses Buches finden, lädt Sie dazu ein, Ihr Leben zu entstressen, alte Muster zu erkennen und schrittweise für positive Veränderungen zu sorgen.

Übergewicht als Chance

Übergewicht ist immer eine Frage der Definition. Nicht jeder, der sich zu dick fühlt, ist das auch; in besonders erschreckender Weise kann man das bei Magersüchtigen beobachten, die sich auch dann noch »fett« fühlen, wenn sie bereits an extremer Mangelernährung leiden. Umgekehrt ist aber auch natürlich nicht jeder, der sich keinerlei Gedanken über sein Gewicht macht, deshalb immer auf der sicheren Seite.

Es gibt unterschiedliche Bemessungsformeln – beispielsweise den BMI oder den Broca-Index – anhand derer sich feststellen lässt, ob unser Körpergewicht im Normbereich liegt oder nicht. Allerdings streiten sich die Mediziner, wo das Normalgewicht eines Menschen denn nun eigentlich liegt und ob es überhaupt sinnvoll ist, einen solchen Wert zu bestimmen.

Aus der Perspektive der Achtsamkeit ist es nicht so wichtig, was Ihre Waage anzeigt. Ganz gleich, ob Sie unter oder über der Norm liegen – Hauptsache, Sie fühlen sich wohl und haben einen guten Kontakt zu Ihrem Körper. Eine gute Körperwahrnehmung ist allemal wichtiger für Ihr Glück als die optimale Bikinifigur.

Allerdings ist das nun natürlich kein Freibrief dafür, sich maßlos zu überfüttern. Denn auch wenn Begriffe wie Normal- oder Idealgewicht fragwürdig sind, so gibt es doch klare Grenzen, wo aus medizinischer Sicht das Normalgewicht endet und wo die Fettsucht beginnt.

Wenn Sie stark übergewichtig sind, ist es wahrscheinlich, dass Sie sich in Ihrem Körper nicht wohlfühlen. Falls Ihr Übergewicht Sie dann nicht stört, sollten Sie zumindest überprüfen, ob Sie Ihr Wohlbefinden wirklich Ihrer guten Körperwahrnehmung oder doch eher Verdrängungsmechanismen verdanken.

Ganz gleich, ob Sie nur ein bisschen oder deutlich zu viel wiegen – in dem

Augenblick, wo Ihr Gewicht zum Problem für Sie wird, bietet es gleichzeitig auch eine große Chance: Ihr Übergewicht kann der nötige Umweg sein, den Sie brauchen, um den richtigen Weg zu finden und Ihre Einstellung zum Essen positiv zu verändern. Doch bevor wir uns mit den Chancen beschäftigen, wollen wir zunächst kurz einen Blick auf das Problem werfen.

Endstation Übergewicht?

Etwas mehr als die Hälfte aller Deutschen leidet unter Übergewicht – mit steigender Tendenz. Das ist kein Wunder, denn unsere Ernährungsgewohnheiten haben sich in den letzten Jahrzehnten extrem verändert. Wir essen zu viel, zu fett, zu salzig, zu süß, zu schnell – und meist ist uns das alles noch nicht einmal wirklich bewusst.

Für viele ist Dicksein vor allem ein ästhetisches Problem, da Übergewicht in unserer Gesellschaft als Schönheitsfehler Nummer eins gilt. Gefährlicher ist jedoch der gesundheitliche Aspekt: Während leichtes Übergewicht die Gesundheit nicht schädigt – vielleicht sogar im Gegenteil –, ist hohes Übergewicht immer ein Risikofaktor. Zu den Krankheiten, die mit Übergewicht und Fehlernährung zusammenhängen, gehören:

- Herz- und Kreislauf-Erkrankungen wie Schlaganfall und Herzinfarkt,
- Diabetes Typ II,
- Stoffwechselstörungen und Gicht,
- Arthrose und/oder Gelenkschäden an Wirbelsäule, Knie und Hüfte,
- bestimmte Formen von Krebserkrankungen,
- Depressionen und Schlafstörungen.

Hinzu kommt, dass Übergewicht nicht nur ein kosmetisches und gesundheitliches, sondern darüber hinaus auch noch ein soziales Problem ist: In unserer Gesellschaft stehen Dicke ständig unter Druck. Die Werbung gibt viel Geld aus, um das Ideal des schlanken, ewig jugendlichen und natürlich auch stets erfolgreichen Konsumenten zu propagieren.

Ob im Arbeitsleben oder in unseren zwischenmenschlichen Beziehungen – immer scheint unser Gelingen oder Misslingen irgendwie auch von der Zahl unserer Kilos abzuhängen. Das ist zwar Unfug, denn der Schein der schönen, heilen Welt trügt gewaltig; dennoch: Wer zu schwer ist, hat es meist auch schwer. Er hat es schwer, akzeptiert zu werden und sich selbst zu akzeptieren und schwer, sich klar zu machen, dass sein Wert als Person nicht im Geringsten von seiner Figur abhängt.

Die Diätfalle

Um Übergewicht überhaupt als eine Chance erkennen zu können, sollten Sie eines unbedingt vermeiden: Tappen Sie nicht in die Diätfalle!

»Ich habe schon so viele Diäten ausprobiert, aber keine von ihnen hat langfristig geholfen.« Kennen Sie diesen Satz? Wenn nicht, dann besuchen Sie doch mal eines der unzähligen Abnehmforen im Internet – dort begegnet Ihnen diese Aussage so ziemlich in jedem Absatz.

Diäten funktionieren einfach nicht. Die meisten sind zu radikal und die, die nicht radikal sind, sind meist kompliziert. Diäten sind zeitaufwendig und machen keinen Spaß. Sein Essen nach Nährwertgehalt einzuteilen, Tabellen zu studieren und die Welt schon beim Einkaufen in »erlaubt« und »verboten« einteilen zu müssen – das hält niemand lange aus.

Diäten sind emotionale Killer. Sie machen das Essen zum Feind. Damit nicht genug, muss man oft Wochen bei seinem eingeschränkten Ernährungsplan bleiben. Dabei trägt keine Diät der Tatsache Rechnung, dass sie nicht über Wochen der gleiche Mensch sind. Jeder Tag ist anders, und Sie verändern sich von Augenblick zu Augenblick. In jeder Lebenssituation brauchen Sie andere Nahrung. Es macht daher einfach keinen Sinn, jeden Tag das Gleiche zu essen (oder nicht zu essen). Außerdem: Menschen entscheiden nunmal gerne selbst über ihr Leben. Diäten fordern aber, dass man ihnen blind folgt und nicht mehr selbst entscheidet.

Einmal abgesehen davon, dass kaum eine Diät hält, was sie verspricht, haben alle Diäten einen großen Nachteil: Keine von ihnen ist unserem seelischen Hunger gewachsen.

Wenn Sie Übergewicht als Chance für einen Neuanfang sehen wollen, dann sollten Sie

- sich von Ihrem Diätplan verabschieden,
- sich Ihrer verborgenen Motive bewusst werden, statt sich zu kasteien,
- selbst wählen, was und wann Sie essen wollen,
- achtsam auf alle Signale achten, die Sie beim Essen oder danach empfangen.

Ihre Problemzonen sind nicht das Problem

Es ist die Konzentration auf das Problem, die die Lösung eines Problems verhindert. Das ist bei Problemzonen nicht anders. Wer glaubt, zu dicke Beine, zu viel Bauchfett, zu runde Hüften oder zu mollige Oberschenkel zu haben, der lenkt einen großen Teil seiner Energie auf das Problem. Unzufrieden vor dem Spiegel zu stehen, löst jedoch kein einziges Problem.

Übergewicht kann zum Wegweiser werden. Ihre Unzufriedenheit kann Ihnen den nötigen Impuls geben, um Ihre Lebensweise und insbesondere die Art, wie Sie sich ernähren, zu ändern. Zwei Dinge sollten Sie dabei jedoch *nicht* tun:

- Erstens geht es nicht darum, sich selbst zu verurteilen.
- Zweitens geht es noch nicht einmal darum, Ihrem Übergewicht allzu viel Bedeutung beizumessen. Sie wiegen zu viel und Sie fühlen sich damit nicht wohl – das genügt als Ausgangspunkt vollkommen.

Ein hohes Körpergewicht ist keine Krankheit. Im Gegenteil: Es kann gut sein, dass Sie sich mit ein paar Kilo mehr sogar wohler fühlen, als wenn Sie zu schlank sind – vielleicht, weil Sie dann nicht so schnell frieren, sich besser geschützt fühlen oder einfach mehr Kraft und Reserven haben. Genauso ist es aber auch möglich, dass Übergewicht Ihnen wie ein chronisches Leiden vorkommt. Das Gefühl, zu viel Gewicht durchs Leben schleppen zu müssen, kann auch belastend und lähmend sein. Und in diesem Fall sollen Sie natürlich etwas unternehmen.

Sie können Ihr Übergewicht als Einladung auffassen: Wenn Sie essen, um inneren Mangel auszugleichen, dann sollten Sie erforschen, was Ihnen in Ihrem Leben jenseits der Speisekarte wirklich wichtig ist.

Vielleicht sehnen Sie sich nach neuen Erfahrungen, nach neuen Begegnungen oder interessanteren Tätigkeiten, die Sie erfüllen. Und natürlich kann es auch sein, dass Ihr Ziel darin besteht, mehr Energie zu haben, sich wohler oder eben auch leichter zu fühlen. Doch Vorsicht: Es geht nie darum, Ihr Übergewicht »zu bekämpfen«. Es ist schließlich Ihr Körper, um den es hier geht. Und warum sollten Sie mit Ihrem eigenen Körper kämpfen?

Natürlich können Sie den harten Weg gehen, können die Zähne zusammenbeißen und Ihr Gewicht mit Crashdiäten nach unten drücken. Doch was wäre damit erreicht? Statt ein liebevolleres, bewussteres Verhältnis zu sich selbst zu gewinnen, wären Sie am Ende in einem Teufelskreis aus Kampf und Frust, noch mehr Kampf, noch mehr Frust usw. gefangen.

Sehen, was ist

Auf dem harten Weg zum fragwürdigen Erfolg müssen Sie kämpfen, sich anstrengen und eiserne Disziplin an den Tag legen. Achtsamkeit ist hingegen ein sanfter Weg. Er erfordert nur eines: dass Sie genau hinschauen. Dass Sie sehen, was ist.

Anfangs geht es bei der Entwicklung der Achtsamkeit darum, sich überhaupt erst einmal mit dem eigenen Körper anzufreunden. Ein Problem, das (nicht nur) Übergewichtige haben, ist nämlich, dass sie ihren Körper als Feind empfinden, da sie ihr eigenes Aussehen ablehnen.

Achtsam zu sein heißt, die Dinge so zu sehen, wie sie sind. Das heißt auch, dass wir uns von Mythen und vielen Glaubenssätzen verabschieden sollten. Wir dürfen uns nicht zu sehr davon beeinflussen lassen, was andere glauben. Wenn Sie den Weg der Achtsamkeit gehen, kommt es darauf an, offen und wertfrei zu bleiben. Und damit das möglich ist, sollten Sie Mythen gegenüber skeptisch sein.

Einige Glaubenssätze, die für unsere Gesellschaft typisch sind, lauten beispielsweise:

»Wer zu viel wiegt, dem mangelt es an Disziplin.«

»Dicke sind faul und lassen sich gehen.«

»Nur wer sich fest im Griff hat, kann abnehmen.«

»Wer sich überisst zeigt damit nur, dass er charakterschwach ist.«

»Dicke Menschen mögen freundlich und gutmütig sein, aber sie sind weder erfolgreich noch attraktiv.«

Diese oder ähnliche Glaubenssätze müssen nicht immer so klar formuliert sein. Oft begegnen sie uns in sehr subtiler Form. Wenn Sie derartige Ansichten bei Ihren Mitmenschen beobachten, ist das schon schlimm genug. Schlimmer ist es aber, wenn Sie auch noch selbst daran glauben.

Sobald Sie tief in Ihrem Inneren davon überzeugt sind, dass Übergewicht mit Faulheit oder einem Mangel an Erfolg oder Attraktivität gleichzusetzen ist, haben Sie ein Problem: Wenn Sie glauben, dass Ihr Körpergewicht »nur eine Frage der Disziplin ist«, dann werden Sie sich schuldig fühlen, falls es Ihnen an dieser »Disziplin« fehlt. Ihr Selbstwertgefühl wird unter dieser Einstellung leiden, und vielleicht werden Sie es egoistisch finden, Ihr Essen zu genießen. Möglicherweise werden Sie sogar anfangen, heimlich zu essen. Vielleicht werden Sie sich auch durch Diäten quälen, die Ihnen mehr schaden als nützen. Auf jeden Fall aber werden Sie umso unachtsamer mit sich umgehen, je blinder Sie auf das vertrauen, was Ihr Unterbewusstsein Ihnen als »wahr« vorgaukelt.

Achtsam sein – der sanfte Weg zum Gleichgewicht

Harmonie ist immer nur einen Schritt entfernt. Mit jedem Schritt in Richtung Achtsamkeit entfernen Sie sich zugleich einen Schritt von Ihren Problemen. Achtsamkeit ist eine entspannte und bewusste Art, Probleme zu lösen. Durch die Entwicklung der Achtsamkeit können Sie negativen Glaubenssätzen und der Angewohnheit, sich selbst zu verurteilen, ihre Macht nehmen.

Damit es keine Missverständnisse gibt: Achtsamkeit ist keine Methode, Probleme zu verdrängen. Es geht nicht darum, sich etwas »schönzureden«, positiv zu denken oder die Augen vor dem zu verschließen, was uns belastet. Doch wir verändern die Perspektive. Statt auf das zu schauen, was »wir wollen« oder was »wir nicht wollen«, was »richtig« oder »falsch« ist, beschränken wir uns auf die reine Erfahrung. Es geht also nicht um Bewertung – weder um die von anderen noch um die eigene – sondern immer wieder um die eigene Erfahrung, das eigene Gespür.

Möglicherweise haben Sie Ihre Energien bisher in die falschen Kanäle gelenkt – das geht den meisten von uns so. Wenn wir uns zu sehr mit Äußerlichkeiten wie unserem Aussehen beschäftigen oder darüber nachgrübeln, wie andere Menschen auf unsere Figur reagieren, landen wir dabei leicht in der Sackgasse. Dann ist die Gefahr groß, dass wir neurotische Essstörungen entwickeln.

Durch die Übung der Achtsamkeit werden Probleme immer unwichtiger und Erfahrungen immer wichtiger. Erfahrungen können zwar angenehm und unangenehm sein, aber sie sind deshalb keine »Probleme«, die Sie lösen müssten, sondern einfach nur vergängliche Phänomene, die kommen und gehen – nichts, worüber Sie sich Sorgen machen müssen.

Bestimmt haben Sie auch schon die frustrierende Erfahrung gemacht, dass sich die Dinge nicht dadurch ändern, nur weil Sie das »wollen«. Schon kleine Kinder sind enttäuscht, wenn der Schmetterling wieder wegfliegt, obwohl sie doch unbedingt wollten, dass er auf ihrer Hand sitzen bleibt. Aber der Schmetterling hat andere Pläne. Er kümmert sich so wenig um unseren Willen wie das Wetter.

Achtsam wahrzunehmen bedeutet, dass wir gut damit leben können, wenn der Schmetterling wegfliegt oder wenn es regnet. Es bedeutet, geduldiger mit sich selbst umzugehen und seine Schwächen zu akzeptieren, statt immerzu mit dem eigenen Schicksal (oder Aussehen) zu hadern. Entspannen, loslassen und akzeptieren was ist – das sind die ersten Schritte auf dem Weg der Achtsamkeit. Die Dinge ändern sich nicht dadurch, dass wir es nur wollen. Die Dinge ändern sich, wenn wir annehmen, was im Augenblick ist – und uns dann auf natürliche Weise weiterentwickeln.

Übergewicht als Chance

Auf dem sanften Weg der Achtsamkeit werden Sie interessante Erfahrungen machen. Zum Beispiel die Erfahrung, dass

- jeder einzelne Augenblick zu einem Lehrer werden kann, der uns ganz von selbst zu unseren Zielen führt,

- jede Empfindung, ob angenehm oder unangenehm, die Berechtigung hat, wahrgenommen zu werden,

- es andere Möglichkeiten gibt, mit Stress umzugehen, als durch Essen,

- es schön ist, seinem eigenen Körper nahe zu sein und dass es klug ist, im Zweifelsfall lieber auf ihn zu hören als auf Ernährungswissenschaftler und andere »Experten«,

- Sie jederzeit die Freiheit haben, den Autopiloten auszuschalten und dass selbst eingefleischte Denk- und Verhaltensweisen dann ihre Macht über Sie verlieren werden.

Achtsam leben, achtsam essen

Eine wahre Fülle von aktuellen Büchern, Zeitungsartikeln und anderen Publikationen zum Thema Achtsamkeit zeigt: Achtsamkeit ist »in« – nicht nur in den Medien, sondern auch im Coaching, im Stressmanagement, in der Erwachsenenbildung und vielen Therapierichtungen. Dabei wird oft vergessen, dass das Prinzip der Achtsamkeit sehr alte Wurzeln hat.

Schon vor gut 2.500 Jahren führte Gautama Buddha die Achtsamkeit oder den »Weg des rechten Bewusstseins« als wichtigen Pfeiler seines achtfachen Pfades ein. Dieser Pfad verfolgt kein geringeres Ziel als die totale Befreiung von allen inneren Einschränkungen und vom Leiden.

Dass die Achtsamkeit gerade im Buddhismus eine so zentrale Rolle spielt, ist kein Zufall. Immerhin heißt »Buddha« wörtlich ja nichts anderes als »der Erwachte«. Und »Achtsamkeit« lässt sich auch gut mit »Erwachen« oder »Aufwachen« umschreiben. Achtsam sein steht im Gegensatz zu schlafen, Bewusst-Sein im Gegensatz zu Unbewusst-Sein.

Im täglichen Sprachgebrauch wird Achtsamkeit oft mit Aufmerksamkeit gleichgesetzt. Das englische »mindfulness« kommt dem, was meditative Übungswege unter Achtsamkeit verstehen, jedoch näher: Gemeint ist eine geistige Einstellung (das »mind« in »mindfulness« kann sowohl »Geist« als auch »Denkweise« oder »Psyche« bedeuten). Letztlich geht es um Geistesgegenwart, um die offene, urteilsfreie Wahrnehmung aller Phänomene, die in das Feld unseres Bewusstseins treten – ganz gleich ob Gedanken, Gefühle, Stimmungen, Erinnerungen, Körperempfindungen oder andere Sinneswahrnehmungen.

Die Offenheit des Geistes, bei der der Fokus nicht eingeengt (wie es bei der Konzentration der Fall ist), sondern erweitert und ausgedehnt wird, hat eine starke therapeutische Wirkung. Es ist daher kein Zufall, dass das Prinzip der Achtsamkeit schon Anfang des letzten Jahrhunderts Eingang in die westliche Psychotherapie fand, nachdem es zuvor von ideologischem Ballast befreit und an die Erfordernisse unserer westlichen Lebensweise angepasst worden war.

Später, in den 1980er-Jahren, integrierte Jon-Kabat-Zinn das Prinzip der Achtsamkeit dann in die Medizin, um chronisch Kranken und Schmerzpatienten eine Möglichkeit an die Hand zu geben, Stress zu reduzieren. Seine Methode MBSR (Mindfulness-based Stress Reduction) erfreut sich weit über klinische Kreise hinaus zunehmender Beliebtheit. Mehr und mehr wird der Weg der Achtsamkeit auch innerhalb verschiedener verhaltenstherapeutischer Methoden genutzt, und die teilweise gut dokumentierten Erfolge sprechen für sich.

Spezielle Einsatzgebiete

Die Anwendungsmöglichkeiten der Achtsamkeit sind sehr umfassend. Sie können Achtsamkeit nutzen, um erleuchtet zu werden oder zumindest – um bei den buddhistischen »Anwendungsgebieten« zu bleiben – glücklich und frei von Sorgen und Ängsten zu werden. Die populären Einsatzgebiete achtsamkeitsbasierter Techniken sind zwar bescheidener, aber kaum minder wichtig. So werden Achtsamkeitsübungen unter anderem eingesetzt,

- um Stress abzubauen oder ihn besser zu managen,

- um mit belastenden Gefühlen umgehen zu lernen, wie sie in schwierigen Situationen und Lebenskrisen auftreten,

- um Leiden bei chronischen Erkrankungen oder Schmerzen zu lindern,

- um Schlafstörungen, Konzentrationsproblemen oder ADS entgegenzuwirken,

- um Angststörungen, Depressionen oder Burn-out zu behandeln oder vorzubeugen,

- um Suchtverhalten zu durchbrechen.

Schlank durch Achtsamkeit

Es liegt nahe, dass eine Methode, die dabei hilft, bewusster zu handeln, Stress abzubauen und mit einschränkenden Verhaltensmustern zu brechen sich natürlich auch hervorragend dazu eignet, Übergewicht entgegenzuwirken. Dies gilt vor allem für Gewichtsprobleme, die mit unbewusstem und/oder emotionalem Essen zusammenhängen – und sind das nicht letztlich alle?

Während es in den USA seit Jahren zahlreiche Angebote für Übergewichtige und Menschen, die unter Essstörungen leiden, gibt, steckt die Anwendung der Achtsamkeit zur Gewichtsreduktion hierzulande noch in den Kinderschuhen. Doch es tut sich einiges – nicht nur in Deutschland, sondern zum Beispiel auch in der Schweiz.[1] Sicher ist es nur noch eine Frage der Zeit, bis »Abnehmen durch Achtsamkeit« zu einer Standardmethode wird, die – das wäre zumindest wünschenswert – manch einer ungesunden Crashdiät den Wind aus den Segeln nehmen dürfte. Immerhin ist die Methode nicht nur frei von Nebenwirkungen, sondern auch relativ leicht zu erlernen und dabei gleichzeitig sehr effektiv, wie viele wissenschaftliche Studien zeigen.

Wie Achtsamkeit schlank macht ...

Was hat Gewahrsein, was hat die Fähigkeit, ganz und gar im Hier und Jetzt anwesend zu sein, mit unserer Figur zu tun? Wenn Sie das Buch bis zu dieser Stelle gelesen haben (und nicht zufällig hier aufgeschlagen haben), wissen Sie das längst. Wer achtsam und bewusst isst und darüber hinaus gelernt hat, seinen Körper und seine emotionalen Bedürfnisse achtsam wahrzunehmen, dem wird es zunehmend schwer fallen, schwer zu bleiben. Diese Erfahrung haben bereits viele Kursteilnehmer von MBSR-, aber auch von Yoga- oder Meditationskursen gemacht.

---

1 Auf unserer Homepage »Schlank-durch-Achtsamkeit.de« halten wir Sie gerne über aktuelle Kurs- und Therapieangebote im deutschsprachigen Raum auf dem Laufenden.

Maria (42) – zwei Überraschungen

Als ich mich letztes Jahr zu einem Pilotprojekt angemeldet habe, dessen Ziel es war, ohne Diät abzunehmen, hatte ich keine großen Erwartungen. Durch eine Freundin, die als Psychologin arbeitet, bin ich eher zufällig in die Gruppe von zehn Frauen gerutscht. Da ich mit meinen vielen Abnehmversuchen bisher keinen (oder nur sehr kurz) Erfolg hatte, war ich zwar neugierig, aber doch auch ziemlich skeptisch.

Das Projekt lief über acht Wochen, wobei wir uns regelmäßig trafen. Neben Rollenspielen, Gruppen- und Einzelgesprächen standen vor allem Entspannungs- und Achtsamkeitsübungen im Mittelpunkt. In relativ kurzer Zeit habe ich gelernt, meine Gefühle klarer wahrzunehmen. Ernährungsregeln gab es eigentlich fast gar nicht – es wurde uns lediglich nahegelegt, keine Zwischenmahlzeiten und Snacks zu uns zu nehmen und auch auf gesüßte Limonaden und ähnliche Erfrischungsgetränke zu verzichten.

Die erste große Überraschung war, dass ich nach den acht Wochen fast zehn Kilo abgenommen hatte. Da war ich wirklich platt, da ich in dieser Zeit weiß Gott nicht gefastet oder mich anderweitig eingeschränkt habe.

Die zweite Überraschung ist weniger sensationell, hat aber fast noch mehr verändert als der Gewichtsverlust. In meinem Alltag hat sich inzwischen nämlich vieles verändert: Ich kann mich besser entspannen und lege zwischendurch kleine Atempausen ein, in denen ich achtsam auf meinen Atem und meine Gedanken achte. Ich habe angefangen, mich mehr zu bewegen – von Sport halte ich zwar nach wie vor nicht viel, aber ich gehe regelmäßig spazieren und steige viel öfter aufs Rad. Außerdem habe ich angefangen, jeden Tag 15 Minuten zu meditieren. Nach der ganzen Tyrannei durch Diäten und die vielen Kämpfe mit mir selbst (und meinem Selbstbewusstsein), habe ich jetzt endlich das Gefühl, bei mir angekommen zu sein.

2009 berichtete das »Journal of American Dietetic Association« über eine Studie, die der US-Forscher Dr. Alan Kristal vom Fred Hutchinson Krebsforschungszentrum durchgeführt hat. Dr. Kristal, der selbst seit vielen Jahren Yoga praktiziert, hatte beobachtet, dass Yogaübende nur selten unter Gewichtsproblemen leiden. »Unsere Hypothese war, dass unser Essverhalten durch Achtsamkeit beeinflusst wird«, erklärte Dr. Kristal. Tatsächlich zeigte die Studie, dass Menschen, die regelmäßig Yoga üben, auch beim Essen achtsamer und entspannter sind und ihre Mahlzeiten zudem intensiver genießen können.

Die Fähigkeit, sich selbst achtsam zu beobachten, wird durch Yoga geschult. Vieles spricht dafür, dass Yogaanhänger vor allem deshalb so oft schlank und vital sind, weil sie eine gut entwickelte Körperwahrnehmung und damit auch ein ausgeprägtes Gefühl für Hunger und Sättigung haben.

Die Wissenschaftler um Dr. Kristal konnten nachweisen, dass die Yogaübenden nicht nur seltener Gewichtsprobleme hatten, sondern auch mit belastenden Gefühlen wie Depressionen besser klarkamen, ohne auf Frustessen ausweichen zu müssen, als Vergleichspersonen. Interessant war insbesondere, dass der Zusammenhang zwischen Yogapraxis und achtsamem Essen eindeutig war, während er sich bei anderen körperlichen Aktivitäten wie Jogging oder Walking nicht zeigte. Das Fazit der Studie: Je größer die Achtsamkeit und je ausgeprägter die Fähigkeit, sich selbst urteilsfrei zu beobachten, desto geringer der Body-Mass-Index (BMI).

... und warum Willenskraft keine Gewichtsprobleme löst

Warum gelingt es so vielen Menschen nicht, abzunehmen, obwohl das doch ihr festes Ziel ist? Warum kommen Millionen von Rauchern und Alkoholikern nicht von ihrer Sucht los? Warum ist der Geist so oft willig, das Fleisch aber immer wieder schwach? Die Antwort ist einfach: Es genügt nicht, etwas bewusst zu wollen. Wenn unser Unbewusstes uns einen Streich spielt, werden wir unser Ziel nie erreichen.

Tag für Tag können wir uns selbst dabei beobachten, wie wir Dinge tun, die wir eigentlich gar nicht tun wollen und von denen wir wissen, dass wir sie besser sein lassen sollten. Ein paar Beispiele:

- Obwohl wir zunehmen, bewegen wir uns immer weniger statt mehr. Mit der Folge, dass wir dadurch natürlich noch mehr zunehmen.

- Sobald die Belastungen im Alltag steigen, greifen wir zur Schokolade – und wissen doch nur zu gut, dass sich unsere Probleme dadurch nicht lösen, sondern eher vermehren werden.

- Obgleich wir entschlossen und willensstark gegen Fettpolster in den Krieg ziehen, sind alle guten Diätvorsätze dahin, sobald der Spielfilm läuft und wir die Chipstüte im Schrank entdecken.

- Auch wenn uns klar ist, dass wir jetzt lieber schlafen sollten, schleichen wir mitten in der Nacht doch wie ausgehungerte Tiger auf der Suche nach Beute um den Kühlschrank herum.

Oft können wir nur noch staunen – über die Lust, die aus dem Nichts zu kommen scheint, über die plötzliche Gier, die uns immer wieder in dieselben Fressfallen laufen lässt.»Wie kann nur es sein, dass wir so dumm sind?«, fragen wir uns dann.

Keine Sorge: Mit Dummheit hat das nichts zu tun. Weder wissen wir zu wenig über Ernährung noch sind uns unser Gewicht oder unser Aussehen egal. Das Problem ist auch nicht, dass wir willensschwach wären – das Problem ist vielmehr das Unbewusste.

Die Programme, die tief in unserem Unbewussten ablaufen, sind unserem Willen nicht direkt zugänglich. Trotzdem sind sie hochwirksam, weshalb wir auch immer wieder Entscheidungen treffen, bei denen unsere Vernunft nur noch»den Kopf schütteln« kann. Wie von fremder Macht gesteuert, tauchen Gefühle, Gelüste und Triebe auf, die unsere Handlungen lenken, ohne dass wir irgendetwas dagegen tun könnten.

Zum Glück trügt der Schein. Sie können durchaus etwas dagegen unternehmen, wenn das Unbewusste die Macht über Ihr Leben übernommen hat. Nur eben leider nicht mit der Kraft Ihres Willens. Zusammengebissene Zähne helfen hier nicht weiter.

Schon vor Jahrtausenden haben Magier, Heiler und Schamanen Wege gefunden, Menschen in Trance zu versetzen und dadurch Einfluss auf verborgene Bewusstseinsaspekte zu nehmen. Später wurde diese Methode der suggestiven Therapie in der Hypnose kultiviert und verfeinert.

Wenn Sie Ihren»inneren Schweinehund« oder Ihren»inneren Schlemmer« in die Schranken weisen wollen, brauchen Sie keinen Schamanen. Heute können Sie sich eleganterer Methoden bedienen, wie beispielsweise des NLP (neurolinguistisches Programmieren), in dem unter anderem ebenfalls Trance-Techniken angewendet werden, die allerdings auf heutige Bedürfnisse zugeschnitten sind.

Ein Problem dabei ist, dass Trance und Hypnose nicht bei jedem funktionieren. Ein weiteres, dass Sie eigentlich einen Therapeuten oder Coach brauchen, der Sie im Prozess der »Umprogrammierung« begleitet. Und nicht zuletzt ist das Umprogrammieren des Unterbewusstseins in der Praxis oft leider schwieriger als in der Theorie. Unbewusst ablaufende Muster sind zuweilen äußerst machtvoll. Und teilweise liegt das daran, dass sie schon sehr lange aktiv sind.

Prägende Muster aus der Kindheit

Hunger ist ein elementares menschliches Bedürfnis. Entsprechend stark sind die Prägungen aus der Zeit, da wir erste Erfahrungen mit Hunger und Sättigung gemacht haben – so stark, dass wir sie später oft ein Leben lang nicht mehr loswerden.

Säuglinge schreien, wenn sie hungrig sind. Sobald sie gesättigt sind, werden sie wieder still. Sein Kind zu stillen, wenn es schreit, ist naheliegend, natürlich und sinnvoll. Das Problem ist nur: Babys schreien nicht nur, wenn sie Hunger haben, sondern zum Beispiel auch, wenn sie Angst haben, sich langweilen, ihnen zu kalt oder zu warm ist, sie sich einsam fühlen oder wenn sie Schmerzen haben. Kein Wunder also, wenn Mütter sich oft unsicher sind, wie sie die Signale ihrer Kinder richtig deuten sollen. Die Zeiten, in denen eine Mutter sich Tag und Nacht den Bedürfnissen ihres Säuglings widmen konnte, sind lange vorbei. Die geforderte Vereinbarkeit von Familie und Beruf macht das unmöglich. Wer hat heute schon noch die Muße, herauszufinden, ob es besser wäre, sein Kind in den Arm zu nehmen, um ihm die Angst zu nehmen, es lieber ausgiebig zu massieren, um seine Schmerzen zu lindern oder eher mit ihm zu spielen, um ihm die Langeweile zu vertreiben? Sicher – noch immer gibt es Mütter, die genug Zeit und Geduld dafür haben, und das ist gut. Doch inzwischen gibt es sehr viel mehr Mütter, die diese Zeit nicht mehr haben.

Machen wir uns nichts vor: Jeder von uns liebt einfache Lösungen. Und oft besteht die einfachste Möglichkeit, kleine Kinder zu »stillen«, darin, sie mit Nahrung zu beruhigen. Wenigstens kurzfristig funktioniert das meist recht gut. Hinzu kommt, dass vor allem junge Eltern oft Angst haben, etwas falsch zu machen. Ihr Kind nicht ordentlich zu ernähren, ist so ziemlich das Letzte, was sie sich vorwerfen lassen wollen.

Achtsam leben, achtsam essen

So verständlich das alles ist – die unterschwelligen Informationen, die bei Kindern ankommen, sind oft folgenschwer. In unserer Kindheit lernen wir, dass Essen viel mehr, als nur Nahrungsaufnahme ist:

- Wir lernen, dass Essen ein guter Ersatz sein kann – beispielsweise für Zuwendung oder Nähe.

- Wir erfahren, dass wir mit Süßigkeiten belohnt werden und dass wir bestraft werden, indem uns der Nachtisch vorenthalten wird. Kurzum, wir werden konditioniert, uns nach Süßem zu sehnen.

- Wir lernen, dass wir ein Eis kriegen, wenn wir uns das Knie aufgeschlagen haben oder einen Lutscher bekommen, wenn wir den Besuch beim Zahnarzt tapfer überstanden haben.

- Wir lernen, dass Essen uns von unserer Langweile oder Traurigkeit ablenken kann.

Viele Menschen, die an starkem Übergewicht leiden, führen ihre Gewichtsprobleme darauf zurück, dass sie schon von Kindheit an dazu erzogen wurden, Essen als Ersatzbefriedigung zu benutzen. Psychologen wissen, dass es Essgestörten in ihrer frühen Kindheit oft an Liebe und Zuwendung mangelte. Doch auch das Gegenteil – die übertriebene Verwöhnung – kann Kinder in die Fettsucht führen.

An negativen Prägungen haben Übergewichtige später noch lange »zu knabbern«. Das gilt besonders für schlechte Vorbilder: Eltern, die selbst maßlos sind und ihre verborgenen Bedürfnisse mit Essen stillen, signalisieren ihren Kindern genau dies: dass (viel) essen nämlich okay oder sogar notwendig ist, um sich wohl zu fühlen.

Aber auch der Befehl, seinen Teller leer zu essen, hat fatale Folgen. Wenn wir immer wieder zu hören bekommen, dass die Kinder in Afrika verhungern, während wir unseren Teller nicht leer essen, meinen wir irrtümlicherweise, es ginge ihnen besser, wenn wir essen würden, bis uns der Bauch weh tut. Vor allem Männer schaffen es später oft nicht mehr, auch nur einen Bissen auf ihrem Teller liegen zu lassen. Auch wenn sie längst pappsatt sind – das schlechte Gewissen lässt sie weiteressen.

Ist es nicht ärgerlich, dass Muster, die wir vor 40, 50 oder 60 Jahren von unseren Eltern erlernt haben, unsere Ernährungsgewohnheiten auch

59

heute noch tagtäglich beeinflussen? Doch was sollen wir tun? Seinen Eltern Vorwürfe zu machen, bringt nichts – erstens ist es viel zu spät und zweitens haben sie sicher in guter Absicht gehandelt. Die Dinge einfach laufen zu lassen, ist auch keine Lösung, denn wenn Sie heute zu viel wiegen, wird dieses Problem in den nächsten Jahren sicher nicht von selbst verschwinden – ganz im Gegenteil. Mit Willenskraft kommen Sie nicht weiter, und sein Unterbewusstsein umzuprogrammieren, ist ohne fremde Hilfe kaum zu schaffen und auch nicht immer effektiv.

Zum Glück gibt es noch eine andere Lösung. Und Sie müssen natürlich nicht lange raten, um zu wissen, dass diese Lösung »Achtsamkeit« heißt. Wenn Sie Muster aus Ihrer Kindheit durchschauen und auflösen wollen, wenn Sie die negativen Programme aus Ihrem Unbewussten löschen und wenn Sie auf sanfte Weise gesünder und leichter werden wollen, dann sollten Sie Ihren Geist in der Kunst der Achtsamkeit schulen.

Jeder Augenblick, den Sie damit verbringen, achtsamer zu essen und achtsamer zu leben, ist gut investierte Zeit, denn:

... Achtsamkeit schenkt Ihnen Ihr Leben zurück

Wenn Sie lernen, achtsam zu essen, werden Sie anfangen, Ihre Nahrung immer intensiver zu genießen. Zugleich werden Sie nicht mehr so große Portionen brauchen. Und da Sie sensibler für Ihre Ernährung werden, werden Sie auch seltener zu denaturierten Nahrungsmitteln greifen, die viel Zucker, Salz, Fette oder chemische Zusatzstoffe enthalten. Auf diese Weise werden Sie mit der Zeit ganz von selbst abnehmen.

Wer sich längere Zeit mit Achtsamkeit oder Meditation beschäftigt hat, weiß, dass die Ernährung jedoch nur ein Bereich ist, in dem sich unser Leben dadurch grundlegend verändert. Es gibt noch viele andere.

Achtsam zu sein, heißt, vollkommen lebendig zu sein. Wenn Sie schlafen oder träumen, können Sie weder bewusst handeln noch haben Sie irgendeinen Einfluss auf Ihr Leben. Leider neigen wir jedoch auch mitten am Tag dazu, zu »schlafen«. Viele unserer Handlungen laufen dann wie ferngesteuert ab.

Manchmal ist es durchaus sinnvoll, seinen Autopiloten einzuschalten. So brauchen wir beispielsweise nicht jedes Mal darüber nachzudenken, wie man sich die Schuhschleifen bindet oder in welche Richtung sich die Zahnpastatube aufschraubb lässt. Manchmal bekommen wir aber auch große Probleme, wenn wir es unserem Autopiloten überlassen, unser Leben zu leben. Zum Beispiel dann, wenn wir nach dem Fernsehen erschreckt feststellen müssen, dass wir allein eine ganze Familienpackung Eis verdrückt haben.

Wenn Sie lernen, achtsam zu sein, erwachen Sie nach und nach aus Ihrem Dämmerzustand und werden sich vollkommen bewusst, was Ihr Leben Ihnen von Augenblick zu Augenblick zu bieten hat.

Wenn Sie achtsam sind,

- sehen Sie beim Spazierengehen die Schönheit einer Blumenwiese, weil Sie nicht gleichzeitig an Ihre Steuererklärung denken.

- können Sie wirklich zuhören, was Ihr Partner oder Ihre Kinder Ihnen sagen wollen, da Sie innerlich nicht schon mit Ihren eigenen Antworten beschäftigt sind. Und je genauer Sie zuhören, desto besser werden Sie verstehen.

- wird es Ihnen leichter fallen, Ihre Arbeit zu lieben, da Ihre Energien nicht durch innere Widerstände und Tagträume verschwendet werden.

- riechen und schmecken Sie vielleicht zum ersten Mal, wie ein Apfel, eine Currymischung oder ein Glas Rotwein wirklich riecht oder schmeckt.

- lassen Sie sich beim Essen genug Zeit, um rechtzeitig zu spüren, wann es genug ist.

Vertrauen Sie keinem Experten – vertrauen Sie sich selbst!

Wir geben gerne Verantwortung ab. Und manchmal ist das ja auch ganz gut. Bevor wir versuchen, ein Flugzeug selbst zu lenken, sollten wir das lieber dem Piloten überlassen. Doch wenn es um unser ganz normales Leben geht – wenn es darum geht, was wir essen, wie lange wir schlafen, wie wir atmen oder genießen sollen, dann gibt es nur einen Experten, dem wir trauen dürfen: uns selbst!

Regelmäßig verbreiten Wissenschaftler und sogenannte Experten ihre neuesten Ernährungsthesen in den Medien. Und haben Sie es schon bemerkt? Alle paar Monate tauchen dann wieder neue Theorien auf, die die alten über den Haufen werfen.

Ist Fleisch denn nun gesund oder nicht? Sollte man Kaffee trinken oder auf Koffein verzichten? Sollen wir die Kohlenhydrate weglassen oder doch lieber die Fette? Ist es besser, mehr Eiweiß zu essen? Oder weniger? Ist Milch gesund oder »verschleimt« sie den Körper? Was immer heute die Experten uns raten, Sie können sich darauf verlassen, dass all das morgen bereits wieder überholt ist.

Um Ihr Gewicht zu reduzieren oder sich gesünder zu ernähren, brauchen Sie keinen Experten. Sie brauchen weder strenge Ernährungspläne noch Verbotslisten – ja, noch nicht einmal eine Waage. Das Einzige, was Sie wirklich brauchen, ist eine Entscheidung. Sie müssen sich entscheiden, Ihr Leben wieder selbst zu leben. Sie müssen sich entscheiden, wieder genau hinzusehen – auf sich selbst, auf Ihre Ernährung, auf die Umgebung und die Art, in der Sie essen.

Werden Sie Ihr eigener Experte. Werden Sie Ihr eigener Coach. Glauben Sie nicht an das, was andere sagen, vertrauen Sie darauf, was Sie selbst spüren und erfahren.

Wo das eine ist, kann das andere nicht sein

Wo es hell ist, kann es nicht mehr dunkel sein. Entweder – oder. Wo Freiheit ist, enden die Zwänge. Immer wenn Sie automatisch und zwanghaft handeln, können Sie sicher sein, dass Sie nicht bewusst und achtsam handeln. In dem Augenblick, in dem Sie sich wirklich bewusst werden, dass Sie Ihr Essen gedankenlos in sich hineinschlingen, werden Sie damit aufhören.

Oft essen wir vor allem, weil wir uns betäuben wollen. Und Betäubung ist ziemlich genau das Gegenteil von Achtsamkeit, denn während wir achtsam sind, sind wir nicht betäubt, sondern wach – nicht benebelt, sondern vollkommen klar.

Die Gedanken und Gefühle, die aus den tiefsten Schichten unseres Bewusstseins auftauchen, werden deshalb nicht verschwinden. Doch durch Achtsamkeit verändern wir unsere Perspektive: Wir sind nicht länger Opfer unserer eigenen Stimmungen, die unser Handeln bestimmen, sondern beobachten ihr Kommen und Gehen gelassen und mit umfassender Aufmerksamkeit.

Achtsam zu sein, heißt, wahrzunehmen, was ist. Zum Beispiel wahrzunehmen, wie eng unser Essverhalten mit unseren Gefühlen zusammenhängt; oder zu beobachten, wie sehr die Sehnsucht nach Sättigung, Genuss oder Gesellschaft oder aber andererseits die Angst vor Traurigkeit, Einsamkeit oder Langeweile uns direkt ins Eiscafé, in die Pizzeria oder die eigene Küche führt.

Indem Sie nicht nur während, sondern auch schon vor dem Essen in sich hineinspüren, können Sie diese Zusammenhänge leicht sehen. Durch das reine Beobachten verschaffen Sie sich mehr Freiraum. Durch einfache Fragen, die Sie sich selbst stellen, kommen Sie dem, was im jeweiligen Augenblick in Ihnen abläuft, schnell auf die Schliche. Solche Fragen können beispielsweise lauten:

- Bin ich wirklich hungrig?
- Woran merke ich das überhaupt?
- Wer in mir ist gerade hungrig – und wonach?
- Ist das, was ich esse, auch das, was ich brauche?

Durch Nachspüren und Nachfragen gewinnen Sie ein wenig Abstand zwischen Ihren Gelüsten und Ihren Reaktionen darauf. Oft reicht diese kleine Zeitspanne aus, um »Fresskatastrophen« zu verhindern und Ihrem »inneren Genießer« alternative Angebote zu machen. Denn achtsam zu sein, bedeutet natürlich nicht, dass Sie Ihr Essen nicht mehr genießen dürften – ganz im Gegenteil: Da wirkliches Genießen ohnehin immer im Hier und Jetzt stattfindet, ist auch das Genießen an sich schon ein Weg, achtsamer zu sein.

Die vier Prinzipien der Achtsamkeit

Im Folgenden wollen wir einen kurzen Blick auf die »Anatomie« der Achtsamkeit werfen. Wenn Sie Achtsamkeit systematisch nutzen wollen – ganz gleich, ob nun gegen Stress oder gegen Übergewicht –, ist es gut, sich einige wichtige Prinzipien bewusst zu machen. Wie wir schon gesehen haben, bedeutet achtsam zu sein mehr, als nur aufmerksam zu sein. Und ebenso wie »Aufmerksamkeit« kann auch der Begriff »Bewusstheit« trotz vieler Überschneidungen nicht ganz mit »Achtsamkeit« gleichgesetzt werden.

Die folgenden vier Grundsätze fassen zusammen, worauf es bei der Entwicklung der Achtsamkeit ankommt. Sie können sie auch als einfache Regeln nutzen, die Ihnen dabei helfen, auf dem Weg der Achtsamkeit die richtige Richtung einzuschlagen:

1. Nicht werten

Wir sind nicht daran gewöhnt, die Dinge urteilsfrei zu betrachten. Wenn Sie Ihren Geist längere Zeit beobachten, werden Sie entdecken, dass Sie innerlich ständig damit beschäftigt sind, Ihre Meinungen zu vertreten, Urteile über dies und das zu fällen und Ihren jeweiligen Standpunkt einzunehmen.

Achtsamkeitsbasierte Übungen helfen Ihnen dabei, aus der emotionalen Achterbahnfahrt, die die Folge andauernden Urteilens ist, auszusteigen: Statt auf Reize gewohnheitsmäßig mit starken Gefühlen wie beispielsweise Ablehnung zu reagieren, lernen Sie, den Standpunkt des neutralen Beobachters einzunehmen. Sie lernen, sich selbst und Ihr Verhalten zwar genau anzuschauen, darauf jedoch nicht emotional zu reagieren.

Es ist sehr wahrscheinlich, dass Sie schon viel Zeit Ihres Lebens damit verbracht haben, sich selbst zu verurteilen, Ihr Aussehen zu bewerten oder sich über Ihre »Charakterschwäche« zu ärgern. Lassen Sie das alles jetzt so gut wie möglich hinter sich.

> **Lauschen Sie der Symphonie Ihres Lebens, ohne nach jedem Takt zu überlegen, ob das Orchester »gut« oder »schlecht« gespielt hat. Musik muss nicht perfekt sein, um schön zu sein.**

Die Dinge, die passieren, nicht zu beurteilen und nicht ständig innerlich zu kommentieren hat einen großen Vorteil: Wenn Sie weniger werten, entsteht mehr Platz für das Erleben. Wenn Sie zum Beispiel achtsames Essen üben, geht es darum, zu spüren, was Sie gerade essen, wie das schmeckt und wie sich das in Ihrem Mund und später in Ihrem Bauch anfühlt. Dafür brauchen Sie Erlebnisraum – Ihr Kopf sollte dabei nicht mit

Ihren Vorstellungen über das, was sein darf und was nicht sein darf angefüllt sein.

Unsere Vorstellungen davon, wie wir und die Welt zu sein haben, halten uns gefangen. Sie zwingen uns zu den immer gleichen emotionalen Reaktionen mit der Folge, dass wir uns selbst verurteilen, ein schlechtes Gewissen haben, uns ablehnen oder uns den Kopf darüber zerbrechen, was wohl die anderen über uns denken werden usw.

Durch achtsamkeitsbasierte Techniken, wie das achtsame Essen oder den Bodyscan, üben Sie eine Geisteshaltung ein, die nicht vom Filter der eigenen Meinungen, von Urteilen, Schuldzuweisungen, Zu- und Abneigung getrübt ist. Denn um wahrzunehmen, was ist, brauchen Sie einen Geist, der frei, klar und zugleich gelassen ist.

Jeder von uns besitzt diesen offenen, weiten Geist; doch manchmal müssen wir erst ein wenig graben und das Geröll von Urteilen und Selbsturteilen beiseiteschaffen, bis er sichtbar wird.

2. Offen bleiben

Das Prinzip der Offenheit ist stark mit dem ersten Prinzip der Wertfreiheit verwandt: Wir können nur offen sein, wenn wir nicht ständig werten. Offen zu sein heißt aber noch mehr. Im Rahmen der Achtsamkeit bedeutet offen zu sein, seine kindliche Neugier zu bewahren. Die Dinge immer wieder neu zu erforschen, erfordert einen wachen Geist, denn bequemer ist es natürlich, sich von seiner Routine leiten zu lassen.

Routine verhindert jedoch Lebendigkeit – nicht nur in unseren zwischenmenschlichen Beziehungen, sondern auch im Umgang mit uns selbst. Und auch beim Essen und erst recht beim Genießen ist Routine ein Hindernis.

In Kursen zur Stressbewältigung durch Achtsamkeit besteht die erste Übung normalerweise darin, eine Rosine zu essen. Die Kursteilnehmer staunen dann meist:»Eine Rosine? Was soll denn das bringen? Den Geschmack kenne ich doch schon längst.« Beim achtsamen Essen merken dann manche, dass der bewusst wahrgenommene Geruch und Geschmack einer Offenbarung gleichkommen kann. Zumindest aber sind die meisten sehr überrascht.

Eine gesunde Neugier öffnet unsere Aufmerksamkeit für den gegenwärtigen Augenblick. Und diese Offenheit ist die Voraussetzung dafür, die Fülle im Jetzt erfahren zu können. Sie ist die Bedingung, die Dinge so sehen zu können, wie sie sind, ohne durch die Filter unserer Meinungen und Vorurteile gefärbt zu sein. Während unsere Meinungen, Vorurteile, aber auch unsere Erwartungen sich immer aus der Vergangenheit speisen, führt Achtsamkeit uns in die Gegenwart.

Gerade bei den achtsamkeitsbasierten Übungen rund ums Essen ist Offenheit wichtig. Wir müssen bereit sein, immer wieder aufs Neue zu spüren, hinzusehen, zu erforschen und uns überraschen zu lassen. Weder Erwartungen noch Willenskraft sind dabei hilfreich, denn sie erzeugen innere Anspannungen, wohingegen wir durch Offenheit entspannter und gelassener werden.

Und was heißt das konkret?

Da Sie dieses Buch lesen, wiegen Sie vermutlich zu viel, und Sie wollen das ändern. Kein Problem. Sie wollen etwas Neues ausprobieren und Ihre Achtsamkeit entwickeln. Wunderbar. So weit, so gut.

Doch jetzt sollten Sie loslassen: Lassen Sie alle Ihre Zielvorgaben los. Vergessen Sie, dass Sie in ein oder zwei Wochen soundsoviel Kilo abnehmen wollen. Stellen Sie sich nicht jeden Tag auf die Waage. Gehen Sie stattdessen meditativ mit sich und Ihrem Essen um, denn nur auf diese Weise werden Sie Ihr inneres Gleichgewicht wiedererlangen und dabei stressfrei abnehmen.

Gehen Sie den Weg der Achtsamkeit gelassen. Vergessen Sie, was Sie »erreichen« wollen. Verabschieden Sie sich von Zweck und Nutzen. Lebendigkeit verfolgt keinen Nutzen. Bleiben Sie neugierig. Bleiben Sie offen.

3. Die Ruhe bewahren

Wenn Sie Japanisch oder Russisch lernen wollen, brauchen Sie dazu mindestens ein bis zwei Jahre Zeit. Und wenn Sie die Sprachen fließend sprechen wollen, sicher noch länger. Niemand wundert sich darüber. Wir alle wissen, dass wir Zeit brauchen, um neue Fertigkeiten einzuüben. Auch Achtsamkeitstraining bildet hier keine Ausnahme. Auch wenn Sie vielleicht sehr schnell vorankommen – von heute auf morgen geht es trotzdem nicht.

Die Übungen, die Sie in diesem Buch kennenlernen werden, sind wie Samen, die Sie in ein Blumenbeet pflanzen. Indem Sie regelmäßig üben, pflegen und wässern Sie die Erde. Doch wie schnell die Pflanzen letztlich wachsen, das müssen Sie der Natur oder wenn Sie so wollen dem lieben Gott überlassen. Eine der wichtigsten Eigenschaften, die ein Gärtner braucht, ist Geduld. Geduld und die innere Ruhe, die nötig ist, den Dingen ihren natürlichen Lauf zu lassen.

Wenn Sie sich aus schädlichen Verhaltensmustern befreien möchten, schaffen Sie das nicht mit einer Crashdiät. Entwicklung braucht Zeit – das gilt besonders auch für die Entwicklung von Achtsamkeit.

Durch Techniken wie den Bodyscan, die Meditation oder achtsames Essen begeben Sie sich auf einen Weg, der Ihnen viele Erfahrungen schenken wird. Doch dieser Weg wird nicht immer gleich sein: Mal ist er steil, mal flach, mal gibt er den Blick aufs Tal frei, mal mag er uninteressant erscheinen – aber hinter jeder Biegung wartet vielleicht schon eine neue Überraschung auf Sie.

Auch wenn Sie nicht immer das Gefühl haben werden: Sie kommen voran, ob nun in kleinen Schritten oder in großen Sätzen.

Und natürlich werden Sie nicht nur Erfolgserlebnisse haben, sondern hin und wieder enttäuscht sein oder ungeduldig werden. Zum Beispiel dann, wenn Sie wieder einmal in der Fressfalle gelandet sind, wenn Sie wieder einmal vergessen haben, Ihre Achtsamkeit mit an den Tisch zu bringen oder wieder einmal von Ihrer Mahlzeit nichts mitbekommen haben, da Sie nebenbei gelesen oder ferngesehen haben.

Aber wissen Sie was? Das macht überhaupt nichts. Es ist ganz normal. Ob Sie eine Sprache, ein Instrument oder thailändisch Kochen lernen – es wird manchmal ordentlich danebengehen, und das muss es sogar. Kein Kind könnte Laufen lernen, wenn es aufgeben würde, nur weil es ständig hinfällt.

Ernährungsfehler und negative Essmuster prägen unser Verhalten meist schon über viele Jahre oder gar Jahrzehnte. Keine Sorge: Sie werden nicht Jahre brauchen, um sich daraus zu befreien. Doch ärgern Sie sich andererseits auch nicht, wenn Sie das nicht innerhalb einiger weniger Tage schaffen.

Nehmen Sie sich die Zeit, die Sie brauchen. Falls Sie gestern vergessen haben, achtsam zu sein, dann versuchen Sie es heute eben wieder. Fangen Sie immer wieder von vorn an – nicht zäh und verbissen, sondern geduldig und unbeirrt.

4. Annehmen, was ist

Achtsam zu sein bedeutet, nicht zu werten, offen zu bleiben und das, was ist, so zu akzeptieren, wie es ist. Das heißt natürlich nicht, dass Sie nun mit allem, was passiert, einverstanden sein oder sich gar mit Ihren schädlichen Gewohnheiten abfinden müssten. Natürlich gibt es Dinge, die Sie momentan stören. Nur so ist ja überhaupt erst der Wunsch in Ihnen entstanden, etwas zu verändern. Und dieser Wunsch ist sehr sinnvoll, denn ohne ihn gäbe es keine Motivation.

Auch wenn es paradox klingt: Auf dem Weg der Achtsamkeit besteht einer der wichtigsten Schritte dennoch darin, seinen Wunsch wieder loszulassen. Der Wunsch ist nur der »Anlasser«. Sobald Sie den Anlasser einmal betätigt haben, läuft der Motor von selbst. Es ist nicht mehr nötig, während der Fahrt ständig die Zündung zu drehen. Jetzt geht es nur noch darum, die Fahrt und die Landschaft zu genießen. Unabhängig davon, ob Ihnen die Landschaft, durch die Sie fahren, nun gefällt oder nicht: Akzeptieren Sie die Reise und vertrauen Sie sich dem Fluss des Lebens an.

Menschen, die unter Übergewicht leiden, führen oft seit Jahren einen harten Kampf gegen ihre Pfunde. Dieser Kampf ist von vielen inneren Widerständen geprägt: Widerstände gegen das eigene Aussehen, das eigene Verhalten und oft sogar gegen die eigenen Gefühle.

Auf dem Weg der Achtsamkeit ist es wichtig, diesen Kampf hinter sich zu lassen. Achtsamkeit fordert von uns, dass wir uns selbst mit einer offenen, mitfühlenden Haltung begegnen. Es ist nicht sinnvoll, darauf zu warten, bis die Waage das Gewicht anzeigt, das wir für »richtig« halten. Ob wir uns mögen oder nicht und ob wir uns selbst annehmen können, darf keine Frage unseres Körpergewichts sein.

Zugegeben: Oft ist es wesentlich einfacher, uns selbst zu verurteilen und all unsere Wahrnehmungen sofort zu interpretieren. Daher müssen wir gerade anfangs etwas Energie aufwenden, um uns selbst ohne Wenn und Aber anzunehmen. Und je früher wir damit beginnen, eine Atmosphäre des Mitgefühls und der Achtsamkeit uns selbst gegenüber aufzubauen, desto besser.

Lassen Sie Ihre Urteile und vor allem auch Ihre Selbstverurteilungen los. Vertrauen Sie Ihrem Weg, der Sie an diesen Punkt geführt hat, an dem Sie dieses Buch lesen und der Sie auch noch weiterführen wird. Vertrauen Sie Ihrer Intuition, hören Sie auf Ihre innere Stimme und bauen Sie auf die Weisheit Ihres Körpers.

Die vier Prinzipien der Achtsamkeit im Überblick

1. Werten und verurteilen Sie nicht.
2. Bleiben Sie offen und neugierig.
3. Bewahren Sie die Ruhe und seien Sie geduldig mit sich selbst.
4. Akzeptieren Sie das, was ist, und hören Sie auf zu kämpfen.

Nahrung für die Seele

Der Mensch lebt nicht vom Brot allein. Manchmal darf es auch ein Stück Salami sein. Doch Spaß beiseite: Was, wenn zu Brot und Wurst noch Käse, Spiegeleier und Croissants kommen und Sie sich nach dem üppigen Frühstück immer noch nicht satt fühlen? Zweifellos werden Sie nach einem solchen Essen einerseits pappsatt sein, aber andererseits ist es gut möglich, dass Sie sich innerlich immer noch nicht befriedigt, sondern nach wie vor leer fühlen.

Der Grund dafür, dass unser Essen uns manchmal nicht wirklich sättigt, liegt darin, dass Nahrung mehr ist als Essen. Essen und Nahrung sind Metaphern für Leben und Wachstum. Und um wachsen zu können, brauchen wir eben mehr als nur Kalorien. Selbst wenn die Blumen in Ihrem Garten in guter, fruchtbarer Erde stehen, genügt das nicht. Damit sie gedeihen können, brauchen Sie mehr: Sie brauchen Sonne, Regen und Wind und wer weiß – vielleicht tut es ihnen darüber hinaus gut, wenn ab und zu jemand nach ihnen sieht und sich über sie freut …

Was nährt Sie wirklich?

Was brauchen Sie, um Ihre Bedürfnisse zu erfüllen? Wie können Sie sich nähren – nicht nur körperlich, sondern auch seelisch? Diese Frage ist sehr wichtig: Wenn Sie nämlich keine Möglichkeiten finden, sich anders als nur durch Essen zu ernähren, werden Sie früher oder später immer wieder Probleme auf der Waage haben.

In unserer Gesellschaft ist es nicht gerade hoch angesehen, wenn wir uns um uns selbst kümmern. Und doch:

Gut für sich selbst zu sorgen, ist alles andere als Zeitverschwendung. Wie sollen Sie anderen Menschen Kraft geben oder positive Energie ausstrahlen, wenn Sie selbst dabei sind, innerlich zu verhungern?

Achtsam zu sein, heißt nicht nur, achtsam zu essen. Mindestens genauso wichtig ist es, achtsam auf die eigenen Bedürfnisse zu reagieren. Nur wenn Sie die Signale Ernst nehmen, die sich zum Beispiel in Form von Sehnsucht oder auch Frustration äußern können, werden Sie gesunde Alternativen zu Fressanfällen entwickeln können.

Sich selbst zu nähren, kann unter anderem heißen, dass Sie Möglichkeiten finden, Stress abzubauen, Belastungen auszugleichen und abzuschalten. Und indem Sie sich innerlich nähren, befreien Sie sich aus dem Zwang emotionalen Essens.

Silvia (52) – Mut zum Nichtstun

Nach einem harten Tag mit viel Ärger im Job wird mir schnell alles zu viel. Wenn ich dann nach Hause komme, möchte ich nur noch abtauchen und vergessen. Mit Fernsehmarathons und haufenweise Süßigkeiten gelingt mir das meist recht gut, auch wenn es sich danach natürlich ziemlich schlimm anfühlt. Inzwischen habe ich aber eine neue Strategie entwickelt: Nachdem ich in der Volkshochschule eine einfache Entspannungsmethode gelernt habe (die heißt PMR und man entspannt dabei einfach einen Muskel nach dem anderen), ziehe ich mir nach der Arbeit etwas Bequemes an, breite eine Decke im Wohnzimmer aus und lege mich entspannt auf den Rücken. Nach einer kurzen Muskelentspannung bleibe ich dann noch etwa eine Viertelstunde liegen. Ich tue dann einfach mal gar nichts. Mein Mann würde sagen, dass ich meine Zeit verschwende. Aber das ist mir egal, denn in dieser Zeit spüre ich plötzlich wieder, dass ich atme und lebendig bin. Ich höre die Vögel im Garten singen oder wie der Regen an die Scheiben trommelt. Ich höre den Wind oder die spielenden Nachbarkinder. Ich lasse alles so sein, wie es ist und lasse alles los, was ich am Tag erlebt habe.

Wenn ich mich nach dieser Auszeit dann wieder dem Alltag widme, fühle ich mich wie ausgewechselt. Oft hole ich dann noch den Aquarellkasten aus dem Schrank oder ich stelle mich in die Küche, um ein neues Rezept auszuprobieren, das ich dann später mit meinem Mann genieße – und wenn es zur Stimmung passt, zünden wir sogar ein paar Kerzen an.

»Nahrungsmittel«, die es nicht im Supermarkt gibt

Im Folgenden finden Sie einige Möglichkeiten, die Ihnen helfen, sich anders zu nähren als durch Essen. Auch wenn viele Methoden naheliegend sind und simpel klingen mögen – sie sind wirkungsvoll und darauf kommt es an:

- Verwöhnen Sie Ihren Körper. Gehen Sie in die Sauna, genießen Sie ein heißes Bad, ölen Sie sich nach dem Duschen ausgiebig ein oder lassen Sie sich ab und zu massieren.

- Entdecken Sie die Kraft der Musik. Vor allem klassische Musik kann zu einer Quelle der Nahrung werden, und die Nahrung, die Mozart, Bach oder Brahms uns schenken, hat keine einzige Kalorie.

- Bringen Sie Düfte in Ihr Leben. Beschäftigen Sie sich mit Aromatherapie oder erkunden Sie beim Kochen die Welt der Gewürze.
- Bringen Sie freundlichere Farben in Ihren Alltag. Zum Beispiel indem Sie in Ihrer Umgebung oder in Ihrer Garderobe mit frischen Farben experimentieren; oder indem Sie öfter einmal Blumen aufstellen.
- Besuchen Sie einen Yogakurs, lernen Sie meditieren oder gönnen Sie sich einen MBSR-Kurs, um Stress besser managen zu können.
- Treffen Sie gute Freunde. Gespräche mit Freunden oder dem Partner können sehr dazu beitragen, Druck abzubauen.
- Legen Sie zwischendurch kleine Pausen ein. Setzen Sie sich in ein Café und lassen Sie sich die Sonne ins Gesicht scheinen. Machen Sie es sich auf einer Parkbank gemütlich und hören Sie den Vögeln zu. Nehmen Sie sich mitten im Alltag zwischendurch einmal kurz »aus der Handlung« heraus, um das Treiben um Sie herum achtsam zu beobachten.
- Bewegen Sie sich körperlich. Sie müssen ja keinen Sport machen – im Gegenteil: Oft sind die einfachen, naheliegenden Sachen viel erholsamer. Gehen Sie spazieren, fahren Sie mit dem Rad um den Block, schwimmen Sie, tanzen Sie …
- Bewegen Sie sich geistig. Lesen Sie anregende Bücher, sehen Sie sich inspirierende Filme an oder besuchen Sie interessante Vorträge. Und wenn es Ihnen Spaß macht und es Ihnen möglich ist, dann unternehmen Sie öfter einmal eine Reise und sorgen Sie für Tapetenwechsel.

Der wichtigste Schritt: Sich selbst lieben

Schon Säuglinge erfahren, dass sie nicht nur Nahrung, sondern auch Zuwendung bekommen, wenn sie gestillt werden. Essen und Gefühle sind eng miteinander verwoben. Viele Übergewichtige versuchen ja auch unbewusst, einen Mangel an Zuneigung durch Essen zu kompensieren.

Gäbe es genug Liebe in unserem Leben, so müssten wir uns nicht (oder zumindest nicht so verzweifelt) an Kalorienbomben festhalten. Liebe ist die wertvollste innere Nahrung überhaupt, und es soll ja sogar Leute geben, die nur von Luft und Liebe leben …

Mit der Luft haben Sie sicher kein Problem. Mit der Liebe könnte es jedoch schon schwieriger sein: Gut möglich, dass Sie als Kind nicht die Zuwendung bekommen haben, die Sie benötigt hätten, um wirklich »satt« zu werden. Und leider kann es ebenso gut sein, dass Sie auch heute nicht die Anerkennung und Liebe bekommen, die Sie brauchen, um sich innerlich genährt zu fühlen.

An der Vergangenheit können Sie nichts mehr ändern. Auch die Haltung Ihrer Mitmenschen können Sie nicht direkt beeinflussen. Die einzige Haltung, die Sie beeinflussen können – und das sogar sehr stark – ist die Haltung, die Sie sich selbst gegenüber einnehmen.

Sie können sofort damit beginnen, sich selbst liebevoll anzunehmen. Und das sollten Sie, denn wenn Sie sich selbst lieben,

- wird Ihr Leben erfüllter und freudvoller sein.

- sorgen Sie für genug innere Nahrung und sind nicht auf Ausgleichsversuche mit Messer und Gabel angewiesen.

- wird sich Ihre Ausstrahlung positiv verändern. Wie gesagt: Sie können die Haltung Ihrer Mitmenschen nicht direkt beeinflussen – indirekt aber durchaus, denn wer sich selbst liebt, der wird auch von anderen angenommen werden.

Achtsamkeit und Selbstakzeptanz

Immer wenn Sie üben, Ihre Achtsamkeit zu verfeinern, entwickeln Sie zugleich auch die Fähigkeit, sich selbst zu lieben. Achtsamsein führt ganz von selbst zu einer mitfühlenden Einstellung – auch sich selbst gegenüber.

Erinnern Sie sich noch an die vier Prinzipien der Achtsamkeit? Sie lauten »nicht werten«, »offen bleiben«, »die Ruhe bewahren« und »annehmen, was ist«. Alle diese Grundsätze könnten auch eine Anleitung in der Kunst sich selbst zu lieben sein:

- Wenn Sie nicht werten, verurteilen Sie sich selbst nicht mehr.

- Wenn Sie offen bleiben wollen, müssen Sie auch alle negativen Bilder, die Sie von sich selbst haben, loslassen.

- Wenn Sie die Ruhe bewahren, werden Sie auch mit sich selbst geduldiger sein und keine unrealistischen Erwartungen haben.

- Wenn Sie annehmen, was ist, nehmen Sie auch Ihre Fehler an und verabschieden sich von der Vorstellung, perfekt sein zu müssen.

Respektieren Sie Ihren Körper

Wie oft essen wir, ohne wirklich Hunger zu haben? Wie oft füttern wir uns mit Genussmitteln, die zwar kurzfristig »geschmacksreizend« sind, uns aber schon belasten, kaum dass wir sie zu uns genommen haben? Wie oft überhören wir die Botschaften, die unser Körper uns in jedem Augenblick sendet?

Den eigenen Körper zu respektieren, ist ein wichtiger Schritt auf dem Weg der Selbstakzeptanz. Unser Körper weiß sehr gut, was er wirklich braucht. Würden wir seiner Intelligenz vertrauen, so müssten wir nicht befürchten, uns falsch zu ernähren.

Natürlich weiß unser Körper auch, welches Gewicht das ideale ist, um leistungsfähig und gesund zu bleiben; und dieses »Idealgewicht« ist vielleicht ein ganz anderes als das, das auf einer Tabelle im Diätratgeber steht.

Bei der Schulung der Achtsamkeit lernen wir, unseren Körper zu respektieren und das heißt anfangs vor allem: ihn genau zu spüren und seine Signale ernst zu nehmen.

Dummerweise kann unser Körper nicht laut und deutlich »Stopp« rufen, wenn wir uns eine zweite Portion Nudeln aufhäufen, obwohl die erste schon genügt hätte. Dennoch: Der Körper hat durchaus seine eigene Sprache.

Ihn zu respektieren bedeutet, dass wir nicht warten, bis Beschwerden auftreten. Zwar sind auch Übelkeit, Verdauungsbeschwerden, Sodbrennen und viele andere Symptome deutliche Signale unseres Körpers; da sie uns etwas sagen wollen, sollten wir sie nicht gleich durch Medikamente unterdrücken, sondern herausfinden, was sie uns sagen wollen. Aber achtsam mit dem eigenen Körper umzugehen, beginnt natürlich viel früher.

Achten Sie auf die leisen Töne, auf die subtilen Botschaften Ihres Körpers. Diese können sehr unscheinbar sein – ein etwas flaues Gefühl nach dem Essen, ein kaum merklicher Druck im Oberbauch, eine leichte Abneigung gegen bestimmte Speisen oder auch nur ein etwas beengter Atem. Die Signale können vor, während und nach dem Essen auftreten. Durch den Bodyscan werden Sie Ihre innere Wahrnehmung mit der Zeit verfeinern, doch ganz unabhängig davon, ist es nie zu früh (und auch nie zu spät), sich mit seinem Körper anzufreunden und sanft mit ihm umzugehen.

Guten Gewissens Fehler haben

Unsere Freunde sind nicht perfekt. Genauso wenig wie unsere Kinder oder unser Partner, die auch ihre Fehler haben. Vielleicht sind sie zu dick, zu dünn, zu klein oder zu unsensibel, vielleicht haben sie eine schlechte Haltung, bohren zu oft in der Nase oder haben Hautunreinheiten. Na und? Halb so wild. Schließlich wissen wir, dass niemand vollkommen ist, und so ist das auch kein Grund für uns, ablehnend oder angewidert mit unseren Freunden oder Familienangehörigen umzugehen. Selbst unser Hund darf Fehler haben. Nur wenn es um uns selbst geht, sind wir oft unerbittlich. Ist das nicht seltsam?

Achtsam zu sein bedeutet, das, was ist, anzunehmen. Und zwar so, wie es in diesem Augenblick nun einmal ist. Bedingungslos.

Wenn wir zu viel wiegen, haben wir oft große Schwierigkeiten damit, uns selbst zu akzeptieren. Dabei sind es nicht einmal so sehr die dummen Kommentare oder die herablassenden Blicke anderer oder unser Aussehen am Badesee oder in der Umkleidekabine, die uns zu schaffen machen – das Schlimmste ist, dass wir diesen Dingen durch unsere Interpretation eine Bedeutung geben, die sie gar nicht verdienen.

Wir finden uns »fett«, »unattraktiv«, »plump«, »hässlich«, wir empfinden uns als minderwertig oder als Versager – mit anderen Worten: Wir lehnen uns selbst ab und manchmal hassen wir uns sogar geradezu für unser Aussehen.

Dass es vielen anderen genauso geht – und übrigens nicht nur Menschen mit Gewichtsproblemen – ist nur ein schwacher Trost. Die gute Nachricht aber lautet, dass Selbstverurteilung eine Frage unserer Denkgewohnheiten ist und dass sich Gewohnheiten ändern lassen.

In einer Welt, die übertriebenen Schlankheitsidealen nacheifert, haben wir irgendwann einmal damit angefangen, zu vergleichen: Das, was ist (uns), mit dem, was sein sollte (dem Bikinimodel aus der Joghurtwerbung). Vielleicht gab es auch äußere Auslöser – eine Schwester, einen Klassenkameraden, einen Partner oder irgendeinen Dahergelaufenen, der eine abfällige Bemerkung über unser Aussehen gemacht hat. Wie auch immer: Das Problem ist erst entstanden, als wir anfingen, negativen Gedanken und Gefühlen über uns selbst immer mehr Raum zu geben.

Falls Sie noch keine Minderwertigkeitsgefühle haben, dann probieren Sie das doch einmal aus: Sagen Sie sich täglich vom Aufstehen bis zum Schlafengehen innerlich beispielsweise folgende Sätze vor: »Ich wiege viel zu viel. – Ich bin zu dick. – Ich bin nicht gut genug. – Ich sehe schrecklich aus. – Ich bin nicht liebenswert. – Mit mir will sich ja doch niemand abgeben.«

Wetten, dass Sie das nicht lange wiederholen müssen, bis Sie sich tatsächlich dick, uncharmant und minderwertig fühlen?

Achtsam zu werden bedeutet, sich nicht länger von seinen Gedanken und Gefühlen täuschen zu lassen. Ihre Stimmungen hängen sehr viel mehr davon ab, wie Sie sich selbst sehen, als davon, wie Sie wirklich sind. Gedanken und Gefühle sagen nicht viel über die Wirklichkeit aus – Sie haben sie durch Ihre Einstellungen selbst erschaffen.

Keine Sorge: Um negative Denkmuster zu durchbrechen, müssen Sie keinen Marathon in positivem Denken absolvieren. Sie müssen nicht jeden Tag unzählige Male Sätze wiederholen wie »Ich bin super, so wie ich bin« oder gar »Alles wird gut«. Der Weg der Achtsamkeit ist viel einfacher und zudem noch wirkungsvoller.

Wenn Sie lernen, weniger zu denken und mehr zu spüren, weniger zu grübeln und mehr wahrzunehmen, dann werden Sie auch lernen, mit gutem Gewissen Fehler zu haben. Sie werden lernen, liebevoll und freundlich mit sich umzugehen – nicht nur mit Ihren Stärken, sondern auch mit den Schwächen. Indem Sie sich selbst mehr und mehr akzeptieren, schaffen Sie die ideale Voraussetzung dafür, auf sanfte Weise für Veränderungen zu sorgen – aber nicht, weil Sie etwas verändern »müssen«, sondern weil sich das einfach besser anfühlt.

Achtsam genießen lernen

Ein Restaurant ist keine Tankstelle und unser Kühlschrank kein Futtertrog. Wenn wir nur essen, um unserem Körper die nötigen Nährstoffe zuzuführen, verpassen wir die große Chance, uns bei jedem Essen zugleich auch seelisch zu nähren.

Ob uns ein Käsesandwich, ein Gemüsegericht oder ein Teller Pasta lediglich satt oder darüber hinaus auch noch zufrieden macht und innerlich ausfüllt, ist einzig eine Frage unserer inneren Haltung. Auf das »Wie« kommt es an: Sie können Ihr Essen hastig hinunterschlingen oder aber jeden einzelnen Bissen genießen. Wenn Sie langsam und genussvoll essen, brauchen Sie deutlich weniger Nahrung und fühlen sich trotzdem wohler und letztlich auch noch besser gesättigt.

Wer unter Übergewicht leidet, entwickelt allzu leicht ein gestörtes Verhältnis zum Essen. Der langjährige Kampf mit dem eigenen Gewicht, die vielen Diäten und die Angewohnheit, Nahrungsmittel in »gut« und »schlecht«, »gesund« und »ungesund oder in »leichte Kost« und »Dickmacher« einzuteilen, hinterlässt seine Spuren in unserem Essverhalten. Das schlechte Gewissen lauert dann überall.

Doch egal, wie viel Sie wiegen: Vergessen Sie nie, dass Essen ein elementares menschliches Bedürfnis ist. Sie dürfen essen – ja mehr noch: Sie müssen sogar essen. Und nicht nur das: Sie dürfen und sollten auch abwechslungsreich essen und Speisen zu sich nehmen, die Ihnen schmecken, ohne sich jedes Mal den Kopf über den möglichen Kalorien-, Fett- oder Vitamingehalt zerbrechen zu müssen.

Aber: Was auch immer auf Ihrem Teller liegt – behalten Sie die Kontrolle! Essen Sie bewusst, bleiben Sie wach und lassen Sie nicht zu, dass Ihr Essen die Macht über Sie übernimmt. Vor allem aber: genießen Sie – ganz gleich, was Sie essen.

Zehn gute Gründe, sein Essen zu genießen

- Genießen macht schlank, da Sie weniger Nahrung brauchen, um auf Ihre Kosten zu kommen.

- Genießen macht glücklich, da es Ihnen viel mehr Befriedigung schenkt als bloßes konsumieren.

- Genießen ist eine Eintrittskarte in das Hier und Jetzt. Während Sie genießen, sind Sie ganz im Augenblick, ganz bei Ihren Wahrnehmungen.

- Wer sein Essen genießt, braucht dafür länger als der, der schlingt. Durch Genießen gewinnen Sie daher mehr Freiraum, um sich selbst zu spüren und in Ihren Körper hineinzuhorchen.

- Genießen entspannt und befreit von Sorgen, Ängsten und schlechtem Gewissen. Solange Sie im Genießen sind, können Sie nicht gleichzeitig im Verurteilen sein.

- Genießen heißt, langsamer zu essen und somit auch länger zu kauen. Auf diese Weise unterstützen Sie die Verdauung und schonen Magen und Darm.

- Genießen befreit Sie aus der Verbotsfalle und hilft Ihnen, liebevoller mit sich selbst umzugehen.

- Indem Sie bewusst genießen, entdecken Sie schnell, welche Nahrungsmittel Ihnen nützen und welche Ihnen schaden. Und Sie werden entdecken, dass viele Produkte der Lebensmittelindustrie nur auf den ersten Biss reizvoll erscheinen. Da sie oft zu süß oder zu salzig sind beziehungsweise zu viele Geschmacksverstärker enthalten, werden Sie sie bei längerem Kauen oft gar nicht mehr so lecker finden – ganz im Gegenteil.

- Durch Genießen verfeinern Sie Ihren Geschmacks- und Geruchssinn. Sie erfahren Essen als sinnliches Erlebnis und erkennen, wie gut es tut, sich »sinn-voll« zu ernähren.

- Wer lernt, sein Essen zu genießen, kann auch andere Bereiche seines Lebens besser auskosten – einen Sonnenuntergang, eine heiße Dusche, ein Treffen mit Freunden, ein Konzert, einen Kuss, den Sternenhimmel ...

Hunger oder Appetit?

Viele Gewichtsprobleme ließen sich recht einfach vermeiden, wenn es uns besser gelingen würde, zwischen Hunger und Appetit zu unterscheiden. Wenn Sie wirklich genau spüren, dass Sie hungrig sind, dann sollten Sie natürlich etwas essen. Wenn Sie jedoch spüren, dass Sie im Grunde nur Appetit haben, ist es besser, noch ein wenig zu warten.

Leider ist es oft gar nicht so einfach, zwischen Hunger und Appetit zu differenzieren. Das Gefühl, richtigen Hunger zu haben, ist bei uns heute längst nicht mehr so normal, wie noch vor 100 Jahren. Damals hatte ein Feldarbeiter keinen Zweifel daran, dass es sich bei dem Gefühl, das er nach der Arbeit in seinem Bauch verspürte, eindeutig um Hunger handelte.

Vor allem bei Übergewichtigen ist das natürliche Hungergefühl oft verloren gegangen. Wer sich viele Jahre mit Diäten gequält hat und durch ständig wechselnde Ernährungstheorien verunsichert wurde, hat es meist verlernt, den Signalen seines Körpers zu vertrauen.

Im nächsten Hauptkapitel werden wir uns mit der Praxis der Achtsamkeit beschäftigen. Dabei werden Sie verschiedene Techniken kennenlernen, achtsamer zu essen. Unter anderem werden Sie dabei auch Ihre Fähigkeit schulen, besser zwischen Hunger und Appetit zu unterscheiden. Für den Anfang können Ihnen aber sicher folgende Unterscheidungsmerkmale weiterhelfen:

Hunger ist eine sehr direkte, klare Körperempfindung. *»Der Hunger treibt den Wolf aus dem Wald«*, heißt es bei Balzac. Hätte der Wolf nur Appetit, wäre ihm das Risiko zu hoch. Im Gegensatz zu Appetit ist Hunger nämlich ein natürliches Überlebensprogramm, das dazu dient, unsere Kalorienbilanz wieder auszugleichen. Hunger ist körperlich. Entsprechend deutlich sind die körperlichen Signale: Unser Magen zieht sich zusammen, der Bauch knurrt und durch das Absinken des Blutzuckerspiegels können wir sogar Kopfschmerzen bekommen, müde oder reizbar werden.

Hunger kann durch Essen leicht gestillt werden – beim Appetit ist das schon komplizierter …

Appetit kommt weniger aus dem Körper als vielmehr aus der Vorstellung. Appetit knurrt nicht im Bauch, sondern schleicht sich heimlich in unsere Gehirnwindungen. Oft genügt schon die bloße Vorstellung an bestimmte Leckereien, ausgelöst durch ein paar Buchstaben auf der Dessertkarte:

- Schwarz-weiße Mokkamousse
- Karamellisierter Topfenschmarren
- Gefrorenes Haselnussparfait
- Mousse au Chili-Chocolat

Na, merken Sie etwas? Wahrscheinlich genügt schon allein das Lesen, um Ihnen das Wasser im Mund zusammenlaufen zu lassen. Spätestens aber, wenn Sie sich die Leckereien vor Ihrem inneren Auge bildlich vorstellen, wird Ihr Appetit angeregt werden. Und zwar auch dann, wenn Sie im Moment gar keinen Hunger haben.

Appetit hat weniger mit Not, als vielmehr mit reiner Lust zu tun. In einigen süddeutschen Dialekten wird Appetit folgerichtig auch als »Glust« oder »Gluschd« bezeichnet. Und natürlich wird Lust nicht nur durch das, was sich lecker anhört, sondern auch durch alles, was lecker aussieht, angeregt. Das wissen nicht nur Foodfotografen oder Konditormeister, die ihre Auslagen entsprechend gestalten, sondern das weiß jeder, der sein Geld damit verdient, Essbares zu verkaufen.

Während Hunger aus dem Körper kommt, kommt Appetit aus der Seele. Und im Gegensatz zu Hunger ist Appetit leider nicht von unserem Sättigungsgefühl abhängig. Appetit wirkt wie ein Zauberstab, der uns auch dann noch zu Essbarem greifen lässt, wenn wir längst keinen Hunger mehr haben (oder ohnehin gar keinen hatten). Je mehr wir unter Stress stehen, desto eher werden wir diesen Zauberstab benutzen, um unser Belohnungszentrum im Gehirn zu befriedigen. Doch es gibt noch einen anderen, mächtigeren Zauberstab. Auch er zaubert wohlige Gefühle – aber nicht nur kurzfristig, sondern dauerhaft. Und dazu sind noch nicht einmal besonders ausgeklügelte kulinarische Rezepte nötig, da schon ganz einfache, scheinbar banale Nahrungsmittel mit Lust genossen werden können. Es ist der Zauberstab der Achtsamkeit, den wir benutzen können, um unstillbaren Appetit zu dämpfen, unsere Seele zu nähren und unser inneres Gleichgewicht wiederherzustellen.

Wie Sie diesen Zauberstab konkret benutzen und wie Sie Achtsamkeit tagtäglich konkret einsetzen können, das erfahren Sie im nächsten Kapitel.

Die fünf Säulen der Achtsamkeit

Im ersten Hauptteil dieses Buches haben Sie bereits einiges über Achtsamkeit erfahren. Wahrscheinlich sind Ihnen dabei einige Zusammenhänge klarer geworden. Vielleicht konnten Sie erkennen, wie Stress sich auf Ihre Gefühle auswirkt und dass diese wiederum Ihre Ernährungsweise beeinflussen. Vielleicht haben Sie auch entdeckt, dass die Ursachen für Gewichtsprobleme gar nicht so viel mit Kalorien, als vielmehr mit unserem Hunger nach Leben, mit innerem Mangel oder auch mit unbewussten Essmechanismen im Alltag zu tun haben.

Die Ursachen für unser Verhalten aufzudecken, ist sehr wichtig, denn nicht umsonst heißt es, dass Selbsterkenntnis der erste Weg zur Besserung ist. Im Sinne der Achtsamkeit sollten wir jedoch besser sagen: »Selbsterkenntnis ist der erste Schritt zum inneren Gleichgewicht.«

In diesem Kapitel soll es nun vor allem um die Frage gehen, wie man am besten vorgeht: Wie wird man achtsam, wie lernt man »zu sehen, was ist«? Wenn Sie aus den Zwängen Ihrer Gewohnheiten erwachen und Ihre bisherige Ernährungsweise verändern wollen, dann reicht die bloße Erkenntnis leider nicht aus, denn Achtsamkeit lässt sich nur in der regelmäßigen Praxis entwickeln.

Die »fünf Säulen der Achtsamkeit«, die Sie im Folgenden kennenlernen, sind kein Pflichtprogramm, das Sie absolvieren müssen. Es gibt keine Noten und keine Medaillen; Sie können auch nicht durchfallen, denn es gibt kein Versagen. Wohl aber hat jede Ihrer Handlungen Folgen: Wenn Sie jeden Tag im gleichen Zug fahren, wissen Sie, wohin er Sie bringen wird, denn er fährt immer an den gleichen Ort. Wenn Sie sich jedoch an diesem Ort nicht wohlfühlen, wird es Zeit umzusteigen.

Die Übungen in diesem Buch sind eine Einladung, einmal eine neue Route auszuprobieren. Sie ermöglichen es Ihnen, viele neue und positive Erfahrungen zu sammeln. Die fünf Säulen der Achtsamkeit bestehen aus vier formellen Grundübungen und zwölf Alltagsexperimenten beziehungsweise kleinen Übungen für zwischendurch, die in der letzten der fünf Säulen zusammengefasst sind.

Im Mittelpunkt der Übungen steht »achtsames Essen«. Und da diese Technik sich besonders gut eignet, um den Zusammenhang zwischen Achtsamkeit, Essverhalten und Körpergewicht am eigenen Leib zu erfahren, steht sie gleich an erster Stelle des Programms.

Die fünf Säulen der Achtsamkeit auf einen Blick

1. *Achtsames Essen*
2. *Der Bodyscan – eine Reise durch den Körper*
3. *Das Achtsamkeitstagebuch*
4. *Die Achtsamkeitsmeditation*
5. *Alltagsexperimente für zwischendurch*

Vom richtigen Umgang mit den Achtsamkeitsübungen

Achtsam sein können Sie immer und überall. Das hört sich schön an, hat aber einen Haken: Es funktioniert nur, wenn Sie auch wissen, worauf Sie dabei achten müssen. Und genau darum geht es bei den Achtsamkeitsübungen – darum, zu lernen, wie man überhaupt achtsam ist.

Wenn Sie erst einmal etwas Übung mit achtsamkeitsbasierten Techniken haben, werden Sie merken, dass sie alle im Grunde untrennbar miteinander verbunden sind. Sie können nicht Sitzmeditation praktizieren oder den Bodyscan üben, ohne dass sich das zugleich auf Ihre Art zu essen auswirkt. Alle Techniken sind nur unterschiedliche Variationen über das Thema Achtsamkeit. Dennoch ist es gerade anfangs wichtig, die einzelnen Elemente gründlich kennenzulernen.

Nicht jedem liegt jede Übung gleich gut: Für die einen ist es wichtiger, regelmäßig zu meditieren, für andere bringt es mehr, achtsames Essen zu praktizieren oder ein Achtsamkeitstagebuch zu führen. Wo auch immer Ihre persönlichen Vorlieben liegen mögen – schaffen Sie sich zunächst ein stabiles Fundament, indem Sie sich die Grundlagen erarbeiten.

In den folgenden fünf Kapiteln lernen Sie die Grundübungen einzeln kennen. Um Ihnen den Einstieg in die Praxis zu erleichtern, finden Sie dabei jeweils eine »Kurzanleitung«, eine Art »Gebrauchsanweisung auf die Schnelle«. Anschließend werden dann die jeweiligen Details der Übung sowie Varianten und Einsatzmöglichkeiten im Alltag beschrieben.

Am Ende des Praxisteils finden Sie das Fünf-Wochen-Programm. In diesen fünf Wochen werden die Übungen unterschiedlich miteinander kombiniert, mit dem Ziel, der Achtsamkeit immer mehr Raum in Ihrem Alltag zu geben. Fünf Wochen genügen normalerweise, um intensive Erfahrungen zu sammeln und einen Einblick in die verwandelnde Kraft der Achtsamkeit zu bekommen.

Je konsequenter Sie sich an das Programm halten, desto schneller können Sie später dazu übergehen, immer freier und kreativer mit den Techniken der Achtsamkeit umzugehen und sie Ihren Bedürfnissen anpassen. Dennoch sollten Sie das Fünf-Wochen-Programm nicht als abzuleistende Pflicht ansehen, denn Achtsamkeitsübungen sind nie einengend, sondern immer befreiend und aufschlussreich. Letztlich geht es ja immer nur darum, sich von schädlichen Essmustern zu befreien, bewusster zu werden und zu seinem inneren Gleichgewicht zurückzufinden.

Üben, üben, üben

Das Fünf-Wochen-Programm eignet sich als ein guter Ausgangspunkt, zu dem Sie immer wieder zurückkehren können, wenn Sie irgendwann einmal wieder in die Autopilotenfalle gelandet sein sollten. Wann immer Sie sich dabei ertappen, dass Sie die Kontrolle über Ihr Essen oder Ihr Leben verloren haben, können Sie einfach erneut bei Woche 1 beginnen.

Wach, bewusst und achtsam zu werden, ist nicht so schwer – wir alle besitzen diese Fähigkeit. Die einzige Schwierigkeit besteht darin, sich selbst daran zu erinnern, achtsam zu sein! Im Grunde können Sie achtsames Essen bei jedem Restaurantbesuch, bei jedem Gang zum Kühlschrank, in jedem Café oder jeder Snackbar praktizieren. Das Dumme ist nur: Das werden Sie nicht machen, wenn Sie nicht zuvor konkrete Erfahrungen mit achtsamkeitsbasierten Übungen gesammelt haben. Erst wenn Sie gut im Sattel sitzen und Ihnen diese Methoden in Fleisch und Blut übergegangen sind, wird es wirklich leicht.

Doch selbst dann gilt noch: Je mehr Sie üben und je öfter Sie daran denken, achtsam zu handeln, desto wacher und bewusster werden Sie und desto seltener werden Sie wie ferngesteuert zur Kalorienbombe greifen. Selbst wenn Sie unter großem Stress stehen, verfügen Sie dann über Alternativen zum Fressanfall. Und schon ein kurzer Moment der Achtsamkeit kann Sie vor Schlimmerem bewahren. Vielleicht hört sich »üben« etwas anstrengend an, doch die Übung der Achtsamkeit hat nichts mit Leistungssport zu tun. Sie üben Achtsamkeit selbst dann, wenn Sie ein paar ruhige Atemzüge machen, bevor Sie anfangen zu essen.

Oft sind es nur sehr kleine Schritte, die große Veränderungen bewirken.

1. Achtsames Essen – Weg und Ziel

Es sind die einfachen Dinge, die sich am besten für die Entwicklung der Achtsamkeit eignen – atmen, sitzen, gehen, essen. Je einfacher eine Handlung ist, desto größer ist zwar einerseits die Wahrscheinlichkeit, dass wir sie automatisch und somit unbewusst durchführen; andererseits bieten sich hier für uns zugleich aber auch immer die größten Chancen, aufzuwachen und achtsamer zu werden.

Selbst wer nur dreimal am Tag isst, nimmt in einem Jahr bereits über tausend Mahlzeiten ein. Doch die meisten von uns essen sehr viel häufiger, da wir ja auch Zwischenmahlzeiten einlegen. Da wir also sehr oft essen, haben wir auch unzählig viele Möglichkeiten, achtsam zu essen.

Achtsam zu essen, bedeutet vor allem

- ganz im Hier und Jetzt zu essen,
- alle Sinne in die Erfahrung des Essens mit einzubeziehen,
- sich während des Essens entspannt und ohne zu werten zu beobachten.

Achtsam zu essen bedeutet nicht, dass wir uns ständig überlegen sollten, was wir essen oder wie gesund und vitaminhaltig unsere Nahrung ist – ganz im Gegenteil. Es geht überhaupt nicht darum, zu analysieren, sondern unserem Körper und unseren Sinnen die Gelegenheit zu geben, Erfahrungen zu sammeln.

Es gibt viele unterschiedliche Möglichkeiten, achtsam zu essen: Oft genügt es schon, unsere Gefühle beim Essen zu beobachten, unsere Körperhaltung wahrzunehmen oder darauf zu achten, wie schnell wir gerade essen.

Im Prinzip können Sie immer und überall achtsam essen, auch wenn Sie nur kurz etwas zwischendurch essen – etwa im Auto, im Café oder im Fast-Food-Restaurant. Doch anfangs, zumindest so lange, bis Ihre »Achtsamkeitsmuskeln« besser trainiert sind, sollten Sie von Fast- auf Slow-Food umsteigen.

Entschleunigung ist das wirkungsvollste Mittel, um alte Essgewohnheiten zu durchbrechen. Vor allem, wenn Sie unter Gewichtsproblemen leiden, sollten Sie sich mehr Zeit nehmen. Nehmen Sie Ihr Essen mit allen Sinnen wahr und kosten Sie jeden Bissen voll aus! Tun Sie das während Ihres fünfwöchigen Achtsamkeitsprogramms wenigstens einmal am Tag und dabei wenigstens für die ersten fünf Bissen der jeweils ausgewählten Mahlzeit. Am besten gehen Sie dabei systematisch vor, wie es in der folgenden Step-by-Step-Anleitung beschrieben ist:

Achtsam essen – die Kurzanleitung

- Nehmen Sie *einmal täglich* eine Mahlzeit achtsam und bewusst ein. Sie müssen Ihre Achtsamkeit nicht während der ganzen Mahlzeit aufrechterhalten – doch zumindest während der ersten fünf Bissen sollten Sie es konsequent versuchen.

- Wählen Sie dazu möglichst ein Essen, das Sie allein einnehmen können und schalten Sie Störquellen wie das Mobiltelefon oder den Fernseher aus.

- Setzen Sie sich ruhig und entspannt hin, und atmen Sie einige Male langsam und tief durch.

- Fragen Sie sich, ob Sie im Augenblick wirklich Hunger oder nur Appetit haben. Was ist der Auslöser für Ihren Hunger? Kommt Ihr Hunger aus dem Körper? Ist er eine Folge Ihrer Gedanken oder Gefühle? Oder wird er durch den Anblick oder den Geruch des Essens ausgelöst?

- Nehmen Sie sich jetzt zunächst einige Sekunden Zeit, um Ihr Essen anzusehen. Versuchen Sie, die Speisen so zu sehen, als sähen Sie sie das erste Mal – aufmerksam und neugierig. Wie sieht das Gericht auf

Ihrem Teller eigentlich aus? Schauen Sie sich die Formen und Farben an. Achten Sie auf alle Details.

- Wenn möglich, sollten Sie Ihr Essen jetzt auch mit dem Tastsinn wahrnehmen und es mit der Hand berühren – das bietet sich natürlich nur bei Rohkost, Brot, Toasts, Finger-Food usw. an. Wie fühlt sich Ihr Essen an? Weich oder fest? Trocken, feucht, schwer oder leicht?

- Nehmen Sie Ihr Essen dann auch über den Geruchssinn wahr. Führen Sie den Löffel, die Gabel oder die Hand nahe an Ihre Nase heran. Wie riechen die Speisen – können Sie bestimmte Aromen oder Gewürze wahrnehmen? Riecht Ihr Essen süß oder deftig, salzig oder sauer, schwach oder stark? Und welche Gefühle tauchen auf, wenn Sie an Ihrem Essen schnuppern? Steigert oder dämpft das Riechen Ihren Appetit? Ist diese Erfahrung angenehm oder unangenehm?

- Nehmen Sie dann eine Gabel, einen Löffel oder einen Bissen in den Mund. Schlucken Sie Ihr Essen aber noch nicht hinunter; beginnen Sie noch nicht zu kauen, sondern lassen Sie sich etwas Zeit, es langsam im Mund hin und her zu bewegen und die Berührung mit der Zunge und dem Gaumen zu spüren. Wie fühlt sich die Speise in Ihrem Mund an? Wie ist die Konsistenz? Haben Sie viel oder wenig davon im Mund?

- Beginnen Sie jetzt zu kauen. Achten Sie vor allem auf den ersten Bissen. Kauen Sie langsam und speicheln Sie Ihr Essen gründlich ein. Achten Sie darauf, ob sich der Geschmack verändert, wenn Sie länger kauen. Zählen Sie nicht, wie oft Sie kauen. Wichtiger ist es, bewusst zu registrieren, wie Ihre Nahrung durch das Kauen zerkleinert wird und wie sich das anfühlt.

- Wann entscheiden Sie sich, zu schlucken? Können Sie den Impuls wahrnehmen? Und wie weit können Sie die Nahrung beim Schlucken verfolgen? Spüren Sie sie im Rachen? Oder vielleicht auch noch tiefer – in der Speiseröhre oder im Magen?

- Was passiert, nachdem Sie den Bissen geschluckt haben? Können Sie jetzt noch Signale wahrnehmen – beispielsweise wie sich Ihr Körper jetzt anfühlt oder ob sich Ihre Gefühle verändern? Lassen Sie alle Empfindungen zu, die auftauchen. Ganz gleich, ob angenehm oder nicht – nehmen Sie sie einfach nur wahr.

- Wiederholen Sie den ganzen Vorgang dann auch mit den nächsten vier Bissen.

Details und Tipps zum achtsamen Essen

Anweisungen zum achtsamem Essen sind oft nur kurz und pauschal. Oft wird beispielsweise lediglich empfohlen, dass wir mit unserer Aufmerksamkeit ganz beim Essen sein und uns dabei nicht durch Fernsehen, Lesen oder Gespräche ablenken lassen sollten. Genauso gibt es aber auch systematische und ausführliche Instruktionen. Die meisten davon gründen auf der Rosinenübung, der Einstiegsübung in das von John Kabat-Zinn entwickelte MBSR-Programm.

Diese Übung, bei der es darum geht, eine Rosine achtsam, bewusst und sehr langsam zu essen, ist für viele Kursteilnehmer ein Schlüsselerlebnis. Sie macht klar, wie erfüllend und befriedigend es sein kann, die Achtsamkeit ganz und gar auf eine bestimmte Handlung wie das Essen zu lenken und wie unendlich reich die Welt unserer Sinne ist.

Das Prinzip der Rosinenübung lässt sich auch auf alle anderen Speisen, die wir zu uns nehmen, übertragen. Es beinhaltet, dass wir unser Bewusstsein schrittweise auf alle Sinnesmodalitäten, also auf die Empfindungskomplexe Sehen, Tasten, Riechen, Hören und Schmecken lenken:

Die Rosinenübung im Überblick

Legen Sie eine Rosine in Ihre Handfläche

1. Sehen: »Wie sieht sie aus?« (Achten Sie auf die Farbe, die Form, die Größe, die Struktur. Ist sie glänzend oder matt? Wie sieht die Rosine aus, wenn Sie in Ihrer Hand liegt? Und wie, wenn Sie sie gegen das Licht halten?)

2. Tasten: »Wie fühlt sie sich an?« (Fühlt sich die Rosine zwischen Ihren Fingern hart oder weich an, rau oder glatt, trocken oder feucht, schwer oder leicht, nachgiebig oder spröde?)

3. Hören: »Wie hört sich die Rosine an?« (Das mag erst einmal merkwürdig erscheinen. Doch wenn Sie die Rosine zwischen Ihren Fingern drücken und reiben und sie ganz nah an Ihr Ohr halten, werden Sie auch Geräusche wahrnehmen können.)

4. Riechen: »Wie riecht die Rosine?« (Achten Sie auf den Duft. Vielleicht können Sie das Aroma sehr genau wahrnehmen. Riecht die Rosine süß oder säuerlich, fruchtig, herb oder erdig? Tauchen Erinnerungen auf, während Sie an der Rosine schnuppern?)

Die fünf Säulen der Achtsamkeit

5. Schmecken: »Wie schmeckt die Rosine?« (Hier geht es nicht nur um die reinen Geschmacksempfindungen, sondern auch darum, wahrzunehmen, wie sich die Rosine im Mund anfühlt. Berühren Sie mit der Rosine zuerst Ihre Lippen, nehmen Sie sie dann auf die Zunge, bewegen Sie sie im Mund hin und her, spüren Sie die Berührung mit der Zunge, dem Gaumen, dem Zahnfleisch und den Zähnen. Können Sie schon etwas schmecken? Nehmen Sie die Rosine dann zwischen Ihre Backenzähne und beißen Sie behutsam zu. Nehmen Sie das Aroma, das dabei verströmt wird, genau wahr. Kauen Sie langsam und beobachten Sie, ob sich der Geschmack verändert, wenn Sie länger kauen. Achten Sie darauf, wann der Impuls kommt, die Rosine zu schlucken, und verfolgen Sie den Weg der Rosine so weit wie möglich durch die Speiseröhre bis in den Magen.)

Den Geist weit öffnen

Achtsames Essen erweitert unseren geistigen Raum und ermöglicht es uns, zu sehen, dass in bekannten Erfahrungen viele unbekannte Möglichkeiten stecken. Die Haltung »Das kenne ich schon« versperrt uns den offenen, weiten Blick, den wir so dringend benötigen, um unser Leben wieder intensiver und farbenfroher erleben zu können.

Wenn Sie Ihren Geist genau erforschen, werden Sie wahrscheinlich entdecken, dass Sie im Alltag oft Schubladen benutzen. Schubladen sind ungemein praktisch; man kann alles gut aufheben und findet schnell, was man sucht. Das Problem ist nur: Schubladen sind zu klein – das Leben passt nicht hinein.

Die meisten von uns denken, dass sie ja ohnehin längst wissen, wie ein Apfel schmeckt, wie er aussieht, riecht oder sich anfühlt. Aber ist das wirklich wahr? Haben Sie jemals genau wahrgenommen, wie Ihr Essen aussieht? Eine Banane, ein Teller Spaghetti, eine Praline oder ein Knäckebrot? Haben Sie Ihre Speisen jemals so genau studiert, wie es zum Beispiel ein Maler tun würde, bevor er ein Stillleben malt?

Wer achtsam isst, zentriert sich dabei automatisch. Mit den Sinnen ganz bei einer Sache zu sein, ist daher immer auch eine gute Konzentrationsübung, da wir uns dabei nicht ablenken lassen dürfen. Doch wie schwer fällt das oft. Schon beim Sehen fängt die Zerstreuung an: Statt unser Essen zu betrachten, sehen wir uns im Restaurant oder in der Kantine um, beobachten die Menschen, die vorbeigehen, schauen in die Zeitung, unser Handy, den Fernseher oder blicken gedankenverloren ins Leere. Doch wie können Sie es vermeiden, sich in Ihren Gedanken zu verlieren? Beispielsweise indem Sie sich wie beschrieben Schritt für Schritt Ihrem Essen widmen. Oder indem Sie sich auf einige andere Wahrnehmungen konzentrieren ...

Verschiedene Achtsamkeitsobjekte für jeden Augenblick

Vielleicht haben Sie nicht immer die Zeit oder die Möglichkeit, achtsames Essen schrittweise mit allen Sinnen zu üben. Das heißt aber nicht, dass Sie deshalb unachtsam essen müssten. Es gibt noch viele andere Methoden, beim Essen wach und bewusst zu bleiben.

Sie können Ihre Achtsamkeit darauf richten,

- wie schnell Sie gerade essen,

- wie oft Ihre Gedanken abschweifen und wohin diese reisen,

- ob Sie Ihr Essen gerade genießen oder es eher konsumieren,

- welche der Speisen auf Ihrem Teller Sie besonders ansprechen und welche Ihnen weniger gut schmecken,

- ob Sie sich nach dem Essen vollgestopft oder angenehm gesättigt fühlen,

- ob Sie sich gerade von Reizen ablenken lassen, die nichts mit dem Essen zu tun haben und welche das sind.

Auch die Auswahl Ihrer Speisen oder die Überlegung, in welches Restaurant Sie gehen werden, kann zu einem Akt der Achtsamkeit werden. Während Sie die Speisekarte studieren, können Sie in Ihren Körper hineinhören und herausfinden, ob das, worauf Sie im Moment spontan Lust hätten, auch das ist, womit Sie und Ihr Körper sich wirklich wohlfühlen würden.

Achtsames Essen ist nichts Besonderes. Besonders ist höchstens die Einstellung und Haltung, innezuhalten und nach innen zu schauen. Doch das Essen selbst muss überhaupt nicht außergewöhnlich sein. Sie können Ihre Sinne beispielsweise verfeinern, indem Sie

- spüren, ob die Erdnüsse zwischen Ihren Fingern gesalzen sind oder nicht,

- darauf achten, ob Sie den Zucker schmecken, mit dem Sie Ihren Kaffee gesüßt haben – und wie stark Sie ihn schmecken,

- den Geruch der Tomatensuppe wahrnehmen und darauf achten, ob Bilder oder Erinnerungen auftauchen,

- Ihre Aufmerksamkeit darauf richten, wie der Löffel Vanilleeis sich in Ihrem Mund anfühlt, wie das Eis langsam schmilzt und wie sich das an der Zunge anfühlt,

- darauf achten, ob Ihr Frühstücksei heiß oder nur noch lauwarm ist,

- erspüren, wie die einzelnen Reiskörner Ihres Reisgerichts sich auf der Zunge anfühlen,

- den Pfirsich in Ihrer Hand genau betrachten – die Größe, die Farbe beziehungsweise die unterschiedlichen Färbungen an verschiedenen Stellen oder darauf achten, wie zart die Schale sich anfühlt,

- beim Essen mit der Zunge nach Gewürzen oder Kräutern»fahnden«.

Körper, Gefühle und Gedanken beim Essen beobachten

Wie bei vielen anderen Achtsamkeitsübungen können wir auch beim achtsamen Essen abwechselnd auf unseren Körper, unsere Gefühle oder unsere Gedanken achten. Ebenso wie Ihre Sinne haben Sie Ihren Körper, Ihre Gefühle und Gedanken ja immer»dabei« – auch bei den Mahlzeiten. Diesen Vorteil können Sie jederzeit nutzen:

Die Achtsamkeit auf den Körper lenken

Werden Sie sich Ihrer Körperhaltung bewusst. Spüren Sie den Kontakt Ihrer Füße zum Boden und wie Ihr Gesäß die Sitzunterlage berührt. Achten Sie darauf, ob Sie aufrecht und doch entspannt sitzen können. Lenken Sie die Aufmerksamkeit dann auch während des Essens ganz auf Ihren Körper: Wie fühlt sich das Besteck in Ihren Händen an? Und wie die Nahrung im Mund, im Rachen, der Speiseröhre oder im Magen? Spüren Sie die Kaubewegungen? Verändert sich der Atem, während Sie essen? Ist Ihnen warm oder kalt? Fühlen Sie sich leicht oder schwer?

Die Achtsamkeit auf die Gefühle lenken

Hat die Tatsache, dass Sie jetzt essen, etwas mit Ihren Gefühlen zu tun? Oder hat die Auswahl der Nahrungs- oder Genussmittel, die Sie essen möchten, etwas damit zu tun, wie Sie sich gerade fühlen? Gibt es einen »emotionalen Ausgangspunkt«, der Sie zum Essen bewegt? Fühlen Sie sich traurig oder einsam – spüren Sie eine Leere oder gibt es im Moment Belastungen, die Stress erzeugen? Und verändern sich Ihre Gefühle beim Essen? Fühlen Sie sich behaglicher, geborgener oder zufriedener und ausgeglichener? Werden Sie schläfrig? Oder haben Sie mehr Energie? Entwickeln Sie beim Essen Scham oder Schuldgefühle?

Beobachten Sie Ihre Gefühle ganz genau – sowohl vor als auch beim und nach dem Essen.

Die Achtsamkeit auf die Gedanken lenken

Können Sie bestimmte Gedanken wahrnehmen, die mit dem Essen zu tun haben? Bewerten Sie das, was Sie essen? Teilen Sie Ihr Essen in »gesund« oder »ungesund«, in »gut« oder »schlecht« ein? Analysieren Sie unwillkürlich Vitamin-, Kalorien- oder Nährstoffgehalt – oder können Sie jedem Nahrungsmittel gegenüber eine nicht wertende, neutrale Haltung einnehmen?

Bewerten Sie sich selbst? Denken Sie, dass Sie jetzt lieber nicht oder zumindest etwas anderes essen sollten? Denken Sie darüber nach, dass Sie minderwertig oder charakterschwach sind, wenn Sie etwas bestimmtes essen? Oder sind Ihre Gedanken vielleicht mit ganz anderen Dingen beschäftigt, während Sie essen? Und ändern sich Ihre Gedanken beim oder nach dem Essen? Werden Sie beispielsweise ruhiger oder konzentrierter?

Den Appetit entlarven

Es ist vollkommen in Ordnung zu essen, wenn Sie Hunger haben. Ebenso ist es vollkommen in Ordnung zu essen, wenn Sie Appetit haben. Wichtig ist jedoch, dass Sie den Unterschied wahrnehmen und sich frei entscheiden können, ob und was Sie zu sich nehmen wollen.

Im Gegensatz zum Hunger, der aus dem Körper kommt, kommt der Appetit aus dem Geist beziehungsweise den Gefühlen. Und im Gegensatz zum Hunger verschwindet Appetit oft sehr schnell wieder. Wenn Sie Appetit verspüren, sollten Sie ausprobieren, was passiert, wenn Sie Ihrer Lust auf Essbares nicht gleich nachgeben: Setzen Sie sich dazu ruhig hin, atmen Sie einige Male entspannt durch, und achten Sie darauf, wie Ihre Bauchdecke sich beim Einatmen hebt und beim Ausatmen senkt. Beobachten Sie, ob sich Ihr Appetit verändert, während Sie Ihre Aufmerksamkeit eine Zeit lang auf den Atem richten. Wird er stärker? Oder verschwindet er allmählich?

Was passiert eigentlich genau, wenn Sie Appetit haben? Gibt es bestimmte Vorstellungen oder Fantasien, die Ihre Lust auf Essen beflügeln? Laufen Sie beispielsweise schon länger mit dem Gefühl herum, unbedingt Schokolade zu brauchen? Oder gibt es konkrete optische Reize, die Ihren Appetit wecken – vielleicht durch einen Werbespot oder die Auslage einer Konditorei?

Appetit ist ein vorübergehender Zustand. Ebenso wie Gefühle oder Gedanken hält Heißhunger nicht lange an. Ihr Appetit verschwindet umso schneller, je aufmerksamer Sie sich ihm zuwenden. Das heißt nicht, dass Sie nicht essen sollten, wenn Sie »nur« Appetit haben, wohl aber, dass Sie es durchaus nicht müssen. Statt automatisch zu reagieren, können Sie einfach ein wenig abwarten ...

Ablenkungen vermeiden

Ganz im Hier und jetzt zu sein, erfordert Präsenz. Hier und Jetzt können wir immer nur eine Sache auf einmal machen. Achtsamkeit bedeutet, sich zu sammeln. Und das ist ziemlich genau das Gegenteil von Multitasking, auf jeden Fall aber das Gegenteil von Zerstreuung. Wenn Sie Ihr Essen intensiver wahrnehmen und das heißt zugleich auch intensiver genießen möchten, dann sind Ablenkungen hinderlich. Wann immer Ihr Geist abgelenkt und zerstreut ist, bleibt die Lebendigkeit und Intensität des Hier und Jetzt auf der Strecke. *Wie* wir essen, ist daher mindestens genauso wichtig, wie das, *was* wir essen.

Nur wenn wir beim Essen unabgelenkt und »voll dabei« sind, kommen wir wirklich mit unserer Nahrung in Kontakt. Andernfalls kann es leicht passieren, dass wir essen, ohne wirklich zu essen und uns anschließend unbefriedigt fühlen.

Dann ist es sehr wahrscheinlich, dass wir auch zu viele Kalorien aufnehmen.

Sie werden es schnell merken: Anfangs ist es gar nicht so leicht, achtsam zu essen, da unser Geist sich sehr gerne ablenken lässt. Zerstreuung bietet scheinbar mehr Abwechslung als Achtsamkeit. Jedoch nur scheinbar, denn genau genommen trifft das Gegenteil zu: Wach und achtsam zu sein, ist nie langweilig. In jedem Moment gibt es neue Reize und Empfindungen, für die wir uns öffnen können. Wenn Sie sich beim achtsamen Essen langweilen, liegt das einfach nur daran, dass Ihre Achtsamkeit noch nicht ausreichend entwickelt ist. Doch ebenso wie unsere körperlichen Muskeln lassen sich auch unsere geistigen Muskeln – in diesem Fall Achtsamkeit und Konzentrationsvermögen – durch häufigen Gebrauch entwickeln.

So vermeiden Sie Ablenkungen beim Essen

- Essen Sie möglichst nie im Stehen und schon gar nicht im Gehen. Setzen Sie sich hin, um zu essen oder zu trinken. Genießen Sie Ihren Cappuccino im Straßencafé statt den Coffee-to-go im Pappbecher.

- Essen Sie nicht nebenbei. Wenn Sie in der Küche arbeiten, dann arbeiten Sie in der Küche. Wenn Sie Auto fahren, dann fahren Sie Auto. Widerstehen Sie dem Drang, nebenbei zu »knabbern«.

- So schön es ist, sich von Medien in andere Welten entführen zu lassen – solange Sie essen, sollten Sie auch geistig dort bleiben, wo Sie sind: im jetzigen Augenblick. Vermeiden Sie es daher, beim Essen Bücher oder Zeitungen zu lesen, Ihre Mails zu beantworten, im Internet zu surfen, Radio oder iPod zu hören oder auf Ihrem Handy herumzutippen. Besonders fatal ist die Kombination aus Essen und Film, denn ganz gleich ob Kino, DVD oder Fernseher – wer beim Schauen isst, der isst garantiert mehr, als er braucht.

- Die Empfehlung, beim Essen nicht zu sprechen, mag sich im Kloster hervorragend umsetzen lassen, ist in unserem Alltag aber meist unrealistisch. Ein Grund dafür, warum sich achtsames Essen anfangs am besten allein praktizieren lässt, liegt darin, dass Sie dann nicht sprechen müssen. Wenn Sie jedoch mit Freunden, Kollegen oder Ihrer Familie essen, sollten Sie natürlich nicht stumm wie ein Fisch vor Ihrem Teller sitzen. Dennoch können Sie zumindest versuchen, *überflüssige* Gespräche zu vermeiden. Beispielsweise können Sie öfter die anderen reden lassen und Ihre Aufmerksamkeit währenddessen immer wieder auf Ihr Essen richten.

- Es ist viel von Giften im Essen die Rede, und natürlich ist es für eine gesunde Ernährung wichtig, möglichst giftfrei zu essen. Genauso wichtig ist es aber auch, emotionale Gifte zu vermeiden. Leider finden Streitereien oder gefühlsbetonte Gespräche oft ausgerechnet während der Mahlzeiten statt. Statt unser Essen zu schmecken, argumentieren wir, sprechen wir über Politik, vertreten unsere Meinungen oder verfangen uns in Rechthaberei. Negative Gefühle wie Ärger, Wut oder Enttäuschung lenken uns jedoch vom Essen ab. Und ebenso wie andere schwere Speisen verursachen sie zudem meist Verdauungsstörungen.

Einen Anker werfen

Ein hilfreicher Trick, achtsames Essen einzuüben, besteht darin,»einen Anker zu werfen«. Dabei geht es darum, eine bestimmte Handlung auszuführen, um das Essen als Ritual einzuleiten und diese Handlung dann immer wieder einzusetzen. Der Gong, der in buddhistischen Klöstern die regelmäßigen Meditationen einleitet, ist beispielsweise ein solcher Anker. Ebenso das Abendgebet, das Mütter ihren kleinen Kindern vor dem Einschlafen vorsprechen.

Natürlich können Sie schlecht einen Gong mitnehmen, wenn Sie in die Kantine gehen. Und obwohl ein Tischgebet durchaus auch eine hilfreiche Form des Ankerns ist, sind Gebete nicht jedermanns Sache beziehungsweise auch nicht überall praktikabel. Es gibt aber einige einfache Anker, die Sie unauffällig einsetzen können, um sich auf achtsames Essen einzustimmen:

- Setzen Sie sich aufrecht hin, betrachten Sie Ihr Essen und atmen Sie dreimal tief ein und aus, bevor Sie Ihr Besteck in die Hand nehmen.

- Konzentrieren Sie sich ganz auf den ersten Bissen Ihres Essens. Mit dem ersten Bissen machen Sie den ersten Schritt. Je achtsamer Sie bei diesem Schritt sind, desto einfacher wird der weitere Weg sein.

- Noch besser: Konzentrieren Sie sich auf die ersten fünf Bissen Ihrer Mahlzeit, wie es oft im Theravada-Buddhismus empfohlen wird. Sie werden merken, dass es gar nicht so einfach ist, seine Achtsamkeit über die Zeit von fünf Bissen auf sein Essen zu lenken. Ebenso werden Sie aber merken, wie schnell sich alte Essmuster auflösen, wenn Sie diesen Anker benutzen.

- Ein weiterer Anker besteht darin, dass Sie Ihr Besteck bewusst aus der Hand legen, während Sie kauen. Meist sind wir damit beschäftigt, uns bereits die nächste Gabel aufzuhäufen, während wir den Mund noch voll haben. Das Ablegen von Messer und Gabel ist hilfreich, um diesen Automatismus zu durchbrechen. Das Gute daran ist, dass diese Technik nicht nur am Anfang einer Mahlzeit, sondern auch mittendrin eingesetzt werden kann, um unbewusstes in achtsames Essen zu verwandeln.

- Auch ein kurzer Satz, den Sie innerlich zu sich sagen, bevor Sie mit dem Essen beginnen, kann zum Anker werden. Dieser Satz könnte beispielsweise lauten:»Wenn ich X esse, esse ich X – mehr gibt es jetzt nicht zu tun.« (Je nachdem, welche Speise Sie zu sich nehmen, setzen Sie für X dann das entsprechende Wort ein.)

Das Geheimnis der Langsamkeit

In weiten Teilen der USA prägt Fast-Food den Lebensstil. Essen ist etwas, was zwischendurch»erledigt« wird – je schneller (und je mehr), desto besser. In US-amerikanischen Kantinen sitzen Angestellte kaum länger als zehn Minuten über ihren Mahlzeiten. Ganz so schnell geht es bei uns nicht. In Deutschland liegt das Tempo beim Essen etwas unter dem der Amerikaner. Dennoch scheint der Trend zum schnellen Imbiss nicht mehr aufzuhalten zu sein; die Vorliebe für Gerichte, die schnell zubereitet sind und schnell satt machen, nimmt zu, und mit ihr nehmen leider auch die Menschen zu.

Zum Glück gibt es noch viele Kulturen, von denen wir etwas über das Geheimnis der Langsamkeit lernen können: Nicht nur im arabischen oder asiatischen Raum verdient der Begriff»Esskultur« diesen Namen noch, sondern auch im Süden Europas ist Eile beim Essen tabu. Griechen, Italiener und Spanier nehmen sich oft noch den ganzen Abend lang Zeit, um mehrgängige Menüs zu genießen. In aller Ruhe wird – oft im großen Familienkreis – gegessen, geplaudert und geschlemmt.

Auch in Frankreich geht es beim Essen ruhiger zur Sache als bei uns. Dass »französische Frauen nicht dick werden« hat sich ja inzwischen herumgesprochen. Die entspannte Atmosphäre, in der Franzosen ihre Mahlzeiten einnehmen, hat sicher viel damit zu tun. In Frankreich kann man einen Kellner leicht beleidigen, wenn man sein Essen gleich bestellt statt, wie es sich gehört, die Speisekarte zunächst ausgiebig zu studieren, um sich über die verschiedenen Gerichte auf der Tageskarte zu informieren.

In allen Kulturen, in denen Mahlzeiten noch den Charakter von Ritualen haben, wird beim Essen großer Wert auf den Geschmack und das Aussehen der zubereiteten Speisen gelegt. Sein Essen in Ruhe und aufmerksam zu essen, ist dabei auch eine Würdigung der Köchinnen oder Köche, die viel Zeit und Mühe in die Zubereitung der Gerichte investiert haben.

Als Gegentrend zu Fast-Food-Ketten ist in vielen Teilen der Welt Slow-Food auf dem Vormarsch. Die gleichnamige Organisation, die ursprünglich aus Italien stammt, ist heute in über 150 Ländern vertreten. Die Slow-Food-Bewegung legt Wert auf regionales Essen, das genussvoll und auf traditionelle Art zubereitet wird. Slow-Food bildet somit eine gute Grundlage für mehr Achtsamkeit beim Essen.

Die Wirkungen langsamen Essens sind vielfältig: Wer gründlich kaut, schmeckt mehr als der, der sein Essen hinunterschlingt. Und wer Geschmack an seinem Essen findet, findet auch eher Geschmack an seinem Leben. Umgekehrt neigen Menschen, die durch Erkrankungen oder Medikamente an Geschmacksstörungen oder Geschmacksverlust leiden, häufig zu Depressionen.

Die Effekte des langsamen Essens zeigen sich auch auf der Waage: Wenn Sie langsamer essen, werden Sie schneller satt sein, da Sie die hormonellen Signale, die das Sättigungsgefühl steuern, früher empfangen werden. Wissenschaftliche Studien belegen zudem, dass Versuchsteilnehmer, die gebeten wurden, möglichst schnell zu essen, deutlich mehr Kalorien aufnahmen als die Vergleichsgruppen, bei denen die Teilnehmer dazu aufgefordert wurden, langsam zu essen und gründlich zu kauen.

Natürlich gibt es auch physiologische Vorteile, denn je gründlicher Sie kauen, desto besser wird Ihre Nahrung schon im Mund vorverdaut. Magen und Darm werden dadurch entlastet und lebensnotwendige Vitalstoffe von den Zellen besser absorbiert.

Last, but not least haben Ess- und Lebensqualität viel miteinander zu tun. Sich mehr Zeit zum Essen zu nehmen, bedeutet nämlich immer auch, sich wieder mehr Zeit für sein Leben zu nehmen. Drosseln Sie daher gerade anfangs das Esstempo, wenn Sie die Kunst der Achtsamkeit erlernen.

Oft hilft dabei ein kleiner Trick: Stellen Sie sich einfach vor, Sie wären ein international bekannter Feinschmecker, der über jede Mahlzeit, die er isst, ein paar Zeilen für einen Sterne-Restaurant-Führer schreiben muss. Wie würden Sie das, was Sie schmecken, formulieren?

Sie brauchen weniger, als Sie glauben

Der einfache Grund dafür, dass heute so viele Menschen unter Übergewicht leiden, liegt bekanntlich darin, dass wir zu viel essen. Wenn wir mehr Kalorien aufnehmen, als wir verbrauchen, nehmen wir zu. Wir müssen weder Mathematiker noch Physiologen sein, um diese einfache Tatsache zu verstehen.

Wir leben in komfortablen Zeiten. Ob wir im Auto, im Büro oder vor dem Computer sitzen – viele Kalorien benötigen wir dabei jedenfalls nicht. Bei einer Stunde Fernsehen verbrauchen wir gerade einmal 40 Kalorien. Beim Holzhacken wären es in derselben Zeit immerhin 600 Kalorien. Doch kaum jemand muss heute noch Holz hacken, um es im Haus warm zu haben; und niemand muss durch die Wälder streifen, um Rehe zu jagen, Beeren zu sammeln oder auch nur einige Kilometer zu Fuß gehen, um einzukaufen.

Falls Sie nicht gerade Leistungssportler oder Landarbeiter sind, brauchen Sie wahrscheinlich deutlich weniger Nahrung, als Sie glauben. Dummerweise nützt es Ihnen allerdings wenig, das nur zu wissen – denn natürlich weiß ja im Grunde jeder von uns, dass ein Abendessen mit Riesenschnitzel, Pommes, Bier und Eisbecher nicht gerade dazu beitragen wird, unser Gewicht zu reduzieren.

Es genügt nicht, wenn unser Verstand uns sagt, dass wir nur sehr wenig Essen brauchen, um überleben und unsere Gesundheit erhalten zu können. Wir müssen das auch spüren. Wir müssen die konkrete Erfahrung machen, dass weder Sättigung noch Zufriedenheit von der Menge der Nahrung abhängt, die wir uns einverleiben.

Es gibt eindrucksvolle Beispiele dafür, wie wenig wir tatsächlich brauchen, um uns gesättigt zu fühlen. In einigen buddhistischen Klöstern gibt es nur eine Mahlzeit am Tag. In vielen sind es zwei, doch drei Mahlzeiten sind eher die Ausnahme.

Wir müssen jedoch gar nicht nach Asien schauen, um zu sehen, dass drei Mahlzeiten am Tag kein Muss sind: Auch Anhänger des Dinnercancellings verzichten auf das Abendessen – und das oft ein Leben lang. Darüber hinaus beweisen zahlreiche Fastengruppen, wie gut es Körper und Seele tut, sogar einmal eine oder mehrere Wochen ganz auf feste Nahrung zu verzichten.

Viele Yogalehrer empfehlen, dass wir unseren Magen nur zu zwei Dritteln mit Nahrung füllen und ein Drittel leer lassen sollen. Sie tun das nicht, um uns zu quälen. Vielmehr steckt die Erfahrung dahinter, dass wir mit »leerem Bauch« nicht nur besser studieren, sondern uns auch leichter und energiegeladener fühlen, als wenn wir vollgestopft und übersättigt auf dem Sofa liegen.

Weniger zu essen, ist vor allem eine Herausforderung für Ihre Achtsamkeit:

Wie viel ist »genug«?

Wenn Sie langsam essen, haben Sie immer wieder die Möglichkeit, sich selbst zu fragen: Wie viel ist genug? Wäre weniger jetzt vielleicht mehr? Und wer bestimmt das?

Habe ich wirklich noch Hunger?

Habe ich noch Hunger oder habe ich nur Lust, weiterzuessen? Brauche ich wirklich die ganze Portion auf meinem Teller oder würde die Hälfte auch genügen? Esse ich nur weiter, weil es so gut schmeckt? Wo in meinem Körper spüre ich den Hunger? Habe ich Hunger, weil ich Essen brauche oder habe ich eher Hunger, weil ich mich allein fühle, gestresst bin, mich langweile oder Anerkennung und Zuwendung brauche?

Antworten Sie nicht zu schnell auf diese Fragen. Lassen Sie sich Zeit, der Antwort nachzuspüren ...

Wie satt bin ich?

Können Sie Sättigungssignale in Ihrem Körper wahrnehmen? Wenn Sie Ihre Achtsamkeit gezielt darauf ausrichten, werden Sie bemerken, dass es oft nur zwei oder drei Gabeln sind, die den Unterschied zwischen »angenehm gesättigt« und »überfressen« ausmachen. Woran merken Sie, dass Sie satt sind? Ist es ein Gefühl, ein Gedanke, eine Körperempfindung? Und falls Sie einmal zu viel gegessen haben, dann achten Sie darauf, woran Sie das eigentlich merken und wo genau Sie das spüren …

Achtlos essen ist auch in Ordnung

In Achtsamkeitskursen äußern Teilnehmer gelegentlich, dass Sie im Alltag manchmal einfach keine Lust darauf haben, achtsam zu sein. Tatsächlich kann es zuweilen anstrengend werden, ständig »achtsam sein zu müssen«. Fairerweise muss man allerdings sagen, dass Sie erstens niemand dazu zwingen wird, achtsam zu sein, und dass Achtsamkeit an sich nie anstrengend ist. Wohl aber kann das Gefühl anstrengend sein, sich dauernd daran erinnern zu müssen, innezuhalten oder genau hinzuschauen.

Jahrzehnte haben wir damit verbracht, unbewusst und automatisch zu essen. Kein Wunder also, wenn wir trotz aller Übung immer wieder in diese alten Muster hineinrutschen. Wenn Sie sich dabei beobachten, dass Sie ganz und gar unachtsam essen, dass Sie mitten in einem Fressanfall gelandet sind oder schlicht keine Lust dazu haben, auf Ihre Nahrung zu achten, da Sie lieber Zeitung lesen, dann ist auch das vollkommen in Ordnung.

Gerade weil es anfangs nicht leicht ist, die Achtsamkeit aufrechtzuerhalten, finden Sie in der Kurzanleitung zum achtsamen Essen (Seite 86/87) ja die Empfehlung, nur *einmal am Tag* und nur während der *ersten fünf Bissen* achtsam zu bleiben. Natürlich *können* Sie auch viel häufiger achtsam essen. Aber umgekehrt *müssen* Sie gar nichts. Sie haben inzwischen ohnehin so viel zum Thema Achtsamkeit gelesen, dass es Ihnen schwer fallen dürfte, in Zukunft vollkommen unbewusst zu essen. Aber hier und da wird Ihnen das sicher problemlos gelingen. Und dann essen Sie eben unbewusst. Das macht gar nichts.

Wenn Sie sich selbst bedingungslos akzeptieren – und das sollten Sie – dann akzeptieren Sie natürlich auch Ihre unbewussten Fressanfälle. Gerade nach solchen Momenten ist es wichtig, sich nicht selbst zu verurteilen, was nur zu Anspannungen führen würde, sondern sich zu entspannen und sich selbst gegenüber eine mitfühlende Haltung einzunehmen.

Vielleicht noch zwei Kleinigkeiten: Erstens müssen Sie nicht unbedingt langsam essen, um achtsam zu essen. Sie können auch hektisch einen Toast oder einen Burger verschlingen und dabei trotzdem achtsam bleiben. Beobachten Sie sich und sagen Sie sich dann einfach:»Schau an: Ich esse schnell. Ich kaue nicht, sondern schlucke sofort. Ich brauche nur drei Bissen für dieses Brötchen.«

Und zweitens: In dem Augenblick, da Ihnen bewusst wird, dass Sie unachtsam essen, ist das bereits wieder ein Moment der Achtsamkeit. Ganz so unachtsam, wie Sie denken, sind Sie also vielleicht gar nicht. Und wenn Sie möchten, können Sie noch einen Schritt weitergehen und sich fragen, wie Sie in die Fressfalle der Unbewusstheit hineingeschlittert sind. Wie fing es an? Welche Gedanken und Gefühle oder welche Umstände haben dazu geführt, dass Sie angefangen haben, achtlos zu essen? Oder dazu, dass Sie keine Lust mehr haben, achtsam zu sein?

Jede Mahlzeit ein Festmahl?

Die Atmosphäre, in der wir essen, hat einen großen Einfluss auf unsere innere Haltung. Der Unterschied zwischen einem schnellen Imbiss und einem Festmahl liegt oft nicht so sehr in der Qualität der Nahrung als vielmehr in der Art und Weise, wie wir unser Essen genießen oder eben auch nicht genießen.

Jede noch so unscheinbare Speise ist ein Geschenk. Selbst der simple Obstsalat in unserer Dessertschüssel hat seine Geschichte, die ihren Ausgangspunkt in verschiedenen Ländern dieser Erde hat und in der die Arbeit zahlreicher Menschen eine Rolle spielt. Wären wir uns dessen wirklich bewusst, so würden wir unser Essen wohl sehr viel öfter als Freudenmahl zelebrieren.

Unser Alltag ist oft von Eile und Termindruck geprägt. Nur selten haben wir überhaupt die Zeit, unser Essen in ein Festessen zu verwandeln. Aber manchmal geht es eben doch – und diese Gelegenheiten sollten wir nutzen.

Wenn Sie gute Freunde zu sich zum Essen einladen, werden Sie für eine schöne Atmosphäre sorgen, da Ihnen wichtig ist, dass Ihre Freunde sich wohlfühlen. Ein geselliges Beisammensein bekommt durch einen schön gedeckten Tisch ebenso eine besondere Note wie ein romantischer Abend zu zweit durch ein Candle-Light-Dinner.

Wenn wir allein essen, vernachlässigen wir die Atmosphäre oft. Doch wir sollten auch dann für eine harmonische, schöne Umgebung sorgen, wenn es »nur« um uns selbst geht. Wir sollten es uns wert sein, gut für uns zu sorgen – und dazu gehört, dass wir auch einmal für uns selbst ein schönes Tischtuch auf den Tisch legen, das edle Geschirr aus dem Schrank holen, uns eine Kerze anzünden und uns ein leckeres Menü gönnen.

Sicher wird es nicht immer klappen, sein Essen in ein Fest zu verwandeln, aber wann immer wir uns die Zeit nehmen können, sollten wir es tun. Nicht nur für andere, sondern auch für uns selbst.

Achtsames Essen ist grundsätzlich auch im Fast-Food-Restaurant möglich – aber leichter ist es, wenn auch der äußere Rahmen stimmt. Achtsam zu essen fällt außerdem leichter, wenn Sie Ihren Geschmackssinn gelegentlich »auf die Reise schicken«:

Mal was anderes

»Was der Bauer nicht kennt, das frisst er nicht.« Und vor 500 Jahren wäre es wohl auch keine gute Idee gewesen, unbekannte und somit vielleicht giftige Pflanzen zu essen. Heute sieht die Sache anders aus. Unser Nahrungsangebot ist sehr vielfältig geworden; kulinarische Spezialitäten aus aller Welt stehen heute in jedem größeren Supermarkt im Regal – und Angst, uns zu vergiften, brauchen wir weiß Gott nicht mehr zu haben.

Die Welt ist enger zusammengewachsen. Der Italiener um die Ecke gehört inzwischen ebenso zur »regionalen Küche« wie der Chinese am Bahnhof. Auch mit griechischer Küche oder dem türkischen Döner sind unsere Geschmacksknospen meist gut vertraut. Dennoch gibt es auch heute noch viele Möglichkeiten, seinen Geschmacksinn einmal durch unbekannte Aromen herauszufordern. Allein schon die französische oder indische Küche bieten einen großen Reichtum an Kräutern und Gewürzen, die wir in unserer traditionellen Küche kaum oder gar nicht verwenden. Und waren Sie schon einmal in einem afghanischen, libanesischen, malaysischen oder äthiopischen Restaurant?

Um achtsames Essen zu üben, brauchen Sie natürlich keine ausgefallenen Gerichte. Wie wir gesehen haben, birgt schon eine einfache Rosine ein Universum an potenziellen Sinneserfahrungen. Dennoch – manchmal kann es sehr interessant und anregend sein, auch über das Gewohnte hinaus Erfahrungen zu sammeln.

Wenn Sie Lust haben, Ihren kulinarischen Horizont zu erweitern, müssen Sie übrigens kein Restaurant aufsuchen: Es gibt dazu eine Fülle an Kochbüchern und Kochkursen. Und wenn Sie etwas Neues ausprobieren wollen, ohne dafür Geld ausgeben zu müssen, können Sie im Internet tausende von Rezepten aus aller Welt finden. Wichtig ist nur, dass Sie den Computer beim achtsamen Genießen dann wieder ausschalten …

Achtsam essen: Das Wichtigste auf einen Blick

- Essen Sie einmal täglich achtsam und bewusst. Konzentrieren Sie sich vor allem auf die ersten fünf Bissen.

- Überprüfen Sie vor dem Essen, ob Sie wirklich Hunger oder eher Appetit haben. Wo spüren Sie Ihren Hunger oder Appetit?

- Nutzen Sie einen Anker, um sich auf das achtsame Essen einzustimmen. Beispielsweise können Sie dreimal durchatmen, bevor Sie Ihr Besteck in die Hand nehmen.

- Nehmen Sie Ihr Essen mit allen Sinnen wahr. Kauen Sie gründlich; schmecken Sie genau.

- Achten Sie während des Essens auf Ihren Körper, Ihre Gedanken und Gefühle. Fragen Sie sich, was Sie gerade wahrnehmen – wie Sie sich fühlen, während Sie essen.

- Nehmen Sie sich Zeit für Ihre Mahlzeit. Setzen Sie sich entspannt hin und sorgen Sie für eine schöne Atmosphäre. Nehmen Sie sich auch beim Essen selbst Zeit, indem Sie langsamer essen.

- Schalten Sie Ablenkungen aus. Lesen Sie nicht, hören Sie keine Musik und sehen Sie nicht fern, solange Sie achtsames Essen üben.

- Verzichten Sie während des achtsamen Essens weitgehend auf Gespräche, vor allem aber auf gefühlsbetonte Diskussionen.

- Bleiben Sie offen für jede Erfahrung, die Sie während des Essens haben. Verurteilen Sie nicht, was Sie essen und verurteilen Sie auch nicht sich selbst – auch dann nicht, wenn Sie »zu viel« gegessen haben.

- Fragen Sie sich, was »genug« heißt. Achten Sie auf Ihr Sättigungsgefühl und probieren Sie aus, ob weniger nicht manchmal mehr ist.
- Verwandeln Sie Ihr Essen möglichst oft in ein Festmahl.

2. Der Bodyscan – sich selbst im Körper wahrnehmen

Der Bodyscan ist eine innere Reise durch den Körper. Indem wir unseren Körper mithilfe unserer Achtsamkeit schrittweise »scannen«, also innerlich abtasten, kommen wir uns selbst näher und beginnen mehr und mehr, uns in unserem eigenen Körper zu zentrieren. Der Bodyscan ist jedoch keine Entspannungsübung. Das Ziel besteht nicht darin, einzuschlafen, sondern aufzuwachen – wach zu sein für diese Reise, die zwar meist über weite Strecken entspannend und angenehm ist, bei der es aber auch zu Hindernissen kommen kann und auf der wir manchmal unwegsames Gelände passieren müssen.

Beim Bodyscan können Ihnen viele unterschiedliche Körperempfindungen begegnen – vielleicht Wärme, Schwere, Leichtigkeit oder Weite, vielleicht das Gefühl, lebendig und voller Energie zu sein, vielleicht aber auch Enge, Schmerzen, Druck oder andere eher unangenehme Empfindungen. Bei dieser Übung geht es jedoch nicht darum, willentlich gute Gefühle zu erzeugen, sondern einzig um Achtsamkeit. Es geht darum, zu spüren, was immer im Augenblick spürbar ist – und zwar mitten im eigenen Körper.

Den Augenblick in seiner ganzen Fülle bedingungslos zu akzeptieren, ist sehr befreiend und hat oft Zustände tiefer Entspannung oder gesteigerter Energie zur Folge. Machen Sie sich jedoch bewusst, dass Sie diese Zustände nicht »machen« können. Das einzige, was Sie tun können, ist loszulassen und die innere Verwandlung, die ganz von selbst stattfindet, achtsam zu begleiten.

Im eigenen Körper ankommen

Der Bodyscan ist eine einfache und wirkungsvolle Möglichkeit, die Achtsamkeit Schritt für Schritt zu entwickeln. Wir verbessern dadurch nicht nur unsere Konzentrationskraft, sondern lernen, unsere Aufmerksamkeit ganz gezielt auf uns selbst zu richten – auf die Lebendigkeit und die Weisheit unseres Körpers. Statt immer nur von außen auf unseren Körper zu schauen und uns für unser Aussehen zu verurteilen, das vielleicht nicht dem gängigen Schönheitsideal entspricht, beginnen wir, Kontakt zu unserem Körper aufzunehmen. Wir verlagern unsere Konzentration – weg vom Jammern und Analysieren und hin zum Spüren; weg von der Selbstverurteilung und hin zu einem gesunden Selbstbewusstsein.

Ob Sie einen guten oder einen schlechten Kontakt zu Ihrem Körper haben, ob Sie Ihren Körper akzeptieren können oder nicht, das ist vollkommen unabhängig davon, wie viel Sie wiegen. Durch den Bodyscan lernen Sie zu sehen, was ist, und Sie erfahren, dass das, was ist, immer wertvoll ist.

In unserer Gesellschaft gibt es nur sehr wenige Menschen, die eine gut entwickelte Körperwahrnehmung haben. Die meisten von uns leben eher neben ihrem Körper her, als dass sie wirklich mit und in ihm leben würden. Vor allem Menschen mit Gewichtsproblemen sehen ihren Körper oft als notwendiges Übel, wenn nicht gar als Feind an.

Das Gefühl, seinen Körper nicht wirklich zu spüren, ist bei Übergewichtigen oder Essgestörten sehr verbreitet, ebenso aber beispielsweise auch bei Suchtkranken oder bei Menschen, die unter großem Stress oder Burn-out leiden. Für sie kommt die Erfahrung des eigenen Körpers, das Spüren dieses lebendigen Organismus, oft einem kleinen Wunder gleich.

Die folgende Reise durch den Körper hilft Ihnen, sich selbst wieder besser zu spüren und Ihr Vertrauen in den eigenen Körper wiederzugewinnen. Sie hilft Ihnen dabei, Ihre Grenzen besser wahrzunehmen und anzuerkennen, und zwar auch beim Essen. Den eigenen Körper zu spüren bedeutet nämlich auch, die Signale zu empfangen, die er sendet. So werden Sie zum Beispiel sehr viel genauere Informationen darüber empfangen können, ob Sie wirklich Hunger haben beziehungsweise wann Sie wirklich satt sind. Auch können Sie Ihren Körper dann als Kompass nutzen, der Ihnen zeigt, welche Nahrungsmittel Ihnen gut tun und welche nicht.

Eine gute Körperwahrnehmung wirkt der Dumpfheit entgegen, die oft das unbewusste Ziel von Fressattacken ist. Sich»besinnungslos zu essen« löst nämlich durchaus Anspannungen. Allerdings nur sehr kurzzeitig. Langfristig können Sie Stress jedoch nur abbauen, wenn Sie beginnen, sich selbst zu spüren, sich »zu besinnen« und sensibler für die Weisheit Ihres Körpers zu werden. Auf diese Weise lernen Sie, Ihrem Körper und damit sich selbst wieder mehr zu vertrauen, und Sie machen die wichtige Erfahrung, dass Sie sehr viel mehr sind als nur Ihr Körpergewicht oder Ihr BMI.

Bodyscan – die Anleitung

Es gibt viele verschiedene Varianten des Bodyscans, einer Übung, die in der einen oder anderen Form meist auch im Yoga, im Stressmanagement und insbesondere in MBSR-Kursen praktiziert wird. Die folgende Variante dauert knapp 30 Minuten und eignet sich auch für das Üben ohne Lehrer. Allerdings ist eine gesprochene Anleitung immer hilfreich. Es gibt inzwischen einige gute CDs mit solchen Anleitungen. Eine kostenlose Bodyscananleitung können Sie sich aber auch auf unserer Homepage www.Schlank-durch-Achtsamkeit.de als Audiodatei herunterladen.

Prägen Sie sich die Reihenfolge ein, bevor Sie beginnen

Wenn Sie ohne CD üben, sollten Sie die Route genau kennen, bevor Sie sich auf die Reise durch Ihren Körper machen. Prägen Sie sich die folgenden fünf Streckenabschnitte genau ein:

1. Die Vorbereitung

2. Den Körper als Ganzes spüren

3. Die Achtsamkeit auf den Atem lenken

4. Schritt für Schritt durch die Körperregionen reisen

5. Der Abschluss

1. Die Vorbereitung

- Suchen Sie sich zunächst einen ruhigen Platz, an dem Sie ungestört sind und wo Sie sich wohlfühlen. Wählen Sie bequeme Kleidung und schalten Sie das Telefon aus.

- Legen Sie sich entspannt auf den Rücken – entweder auf eine Decke, die auf dem Boden liegt, auf eine Matte oder auf ein Bett, falls es nicht zu weich ist. Wenn Sie möchten, können Sie sich zudecken und ein kleines Kissen unter die Knie oder den Nacken legen, um die Wirbelsäule zu entlasten. Wichtig ist vor allem, dass Sie bequem liegen.

- Legen Sie Ihre Arme locker neben den Körper und schließen Sie die Augen.

- Bevor Sie jetzt Schritt für Schritt durch Ihren Körper reisen, sollten Sie sich bewusst machen, dass es beim Bodyscan nicht darum geht, etwas Besonderes zu machen oder einen besonderen Zustand zu erreichen. Es geht nicht um richtig oder falsch. Das Einzige was zählt, ist Ihre wache Aufmerksamkeit für die Reise durch den Körper – von Augenblick zu Augenblick.

- Geben Sie sich genug Zeit, um bei sich selbst anzukommen. Lassen Sie alles einfach so sein, wie es ist. Ganz egal, ob die Empfindungen während der Übung angenehm, unangenehm oder neutral sind – bringen Sie ihnen freundliche Aufmerksamkeit entgegen und bleiben Sie für alles, was kommt, offen und aufgeschlossen.

2. Den Körper als Ganzes spüren

- Richten Sie Ihre Aufmerksamkeit jetzt ganz auf Ihren Körper. Wie fühlt er sich im Moment an? Spüren Sie Ihren Körper als Ganzes.

- Nehmen Sie wahr, dass Ihr Körper vom Boden getragen wird und wie er die Unterlage berührt. Wenn es angenehm für Sie ist, können Sie dabei einen Teil Ihres Gewichts an die Schwerkraft abgeben.

3. Die Achtsamkeit auf den Atem lenken

- Richten Sie Ihre Achtsamkeit nun auf Ihre Atmung. Wo können Sie das Kommen und Gehen des Atems am deutlichsten wahrnehmen – an der Bauchdecke, im Brustkorb oder eher an den Nasenflügeln?

- Wo auch immer Sie Ihren Atem am besten spüren – folgen Sie der Bewegung Ihres Atems aufmerksam. Spüren Sie, wie die Luft in den Körper einströmt und wie er sich dabei sanft weitet und wie die Luft dann wieder sanft ausströmt.

- Sie müssen nichts mit Ihrem Atem machen. Lassen Sie ihn einfach kommen und gehen, ohne ihn kontrollieren zu wollen.

4. Schritt für Schritt durch die Körperregionen reisen

- Richten Sie Ihre Aufmerksamkeit jetzt auf Ihre Zehen. Spüren Sie zuerst die großen Zehen beider Füße – und dann auch alle weiteren Zehen. Wandern Sie jetzt mit der Achtsamkeit über die Fußsohlen bis zur Ferse und schließlich über den Fußrücken bis zum Fußgelenk.

- Spüren Sie noch einmal beide Füße als Ganzes – wie fühlen sie sich an? Sind Ihre Füße schwer oder leicht? Können Sie Wärme oder Kälte, Feuchtigkeit oder Trockenheit spüren? Oder können Sie Empfindungen wie Prickeln, Kribbeln, Schmerzen oder Jucken wahrnehmen? Was immer Sie spüren – es ist vollkommen in Ordnung. Und wenn Sie nichts spüren, ist das ebenso in Ordnung.

- Lenken Sie Ihre Aufmerksamkeit jetzt auf Ihre Unterschenkel – auf die Empfindungen in den Waden und den Schienbeinen. Erforschen Sie auch die Empfindungen in den Knien – den Kniescheiben und Kniekehlen.

- Wandern Sie mit Ihrer Achtsamkeit aufwärts zu den Oberschenkeln bis zu den Hüften. Spüren Sie dann nochmals beide Beine als Ganzes. Können Sie wahrnehmen, wie die Beine auf der Unterlage aufliegen? Und wie fühlen sich die Hüften an? Versuchen Sie nicht, etwas zu spüren, was nicht da ist. Es ist nicht so wichtig, was Sie spüren oder ob Sie überhaupt etwas spüren – wichtig ist nur, dass Sie Ihren Körper achtsam erforschen.

- Lenken Sie Ihre Aufmerksamkeit jetzt in den Beckenraum und zum Beckenboden. Vielleicht können Sie hier die Bewegung des Atems wahrnehmen. Spüren Sie dann das Gesäß und wie es auf dem Boden aufliegt.

- Wandern Sie mit der Achtsamkeit zum unteren Rücken. Achten Sie auf alle Empfindungen und dehnen Sie die Aufmerksamkeit dann aus, indem Sie auch den mittleren und schließlich den oberen Rücken spüren. Nehmen Sie Ihre Wirbelsäule wahr – die Schulterblätter und den Raum zwischen den Schulterblättern.

- Nehmen Sie noch einmal den ganzen Rücken war – achten Sie neugierig und offen auf alle Empfindungen.

- Richten Sie Ihre Aufmerksamkeit jetzt auf den Unterbauch. Vielleicht

Die fünf Säulen der Achtsamkeit

können Sie hier das Heben und Senken im Atemrhythmus spüren. Achten Sie jedoch nicht nur auf die Bauchdecke, sondern spüren Sie auch in das Innere des Bauches hinein.

- Wandern Sie mit Ihrer Achtsamkeit aufwärts – zum Bauchnabel – zum Oberbauch – und auch zur Magengegend. Dann richten Sie die Aufmerksamkeit auf den Brustkorb. Vielleicht können Sie die Rippen oder den Verlauf der Rippenbögen wahrnehmen oder die Lungen spüren.

- Lenken Sie Ihre Aufmerksamkeit nun in beide Hände und spüren Sie die Finger – erst die Daumen, dann jeden einzelnen Finger. Spüren Sie die Handflächen – und auch die Handrücken. Vielleicht können Sie hier den Kontakt zum Boden spüren. Oder Sie nehmen Empfindungen wie Wärme, Kühle, Prickeln oder Pulsieren wahr.

- Spüren Sie dann beide Hände und Handgelenke. Weiten Sie Ihre Achtsamkeit auf die Unterarme aus und wandern Sie innerlich aufwärts zu den Ellbogen, den Oberarmen und schließlich zu den Schultern.

- Spüren Sie noch einmal die Hände, Arme und Schultern und lassen Sie den Atem frei fließen.

- Nun lenken Sie die Achtsamkeit auf den Hals. Spüren Sie den Nacken – spüren Sie, ob er weich oder fest ist, ob er auf dem Boden aufliegt oder nicht und wie sich die Muskeln anfühlen. Wandern Sie mit Ihrer Aufmerksamkeit zum Kehlkopf – vielleicht können Sie hier die Schluckbewegungen spüren.

- Nehmen Sie den Kopf wahr – den ganzen Kopf und das Gewicht des Kopfes. Erforschen Sie die Empfindungen in Ihrem Gesicht: Spüren Sie das Kinn, den Kiefer und den Mund. Weiten Sie Ihre Achtsamkeit auf die Lippen und die Mundhöhle aus. Was auch immer Sie hier spüren können – es gibt nichts zu verändern und nichts zu erreichen. Nehmen Sie einfach nur wahr, was ist.

- Lenken Sie die Aufmerksamkeit dann zu den Wangen – den Ohren und Ohrmuscheln – und schließlich zur Nase und den Nasenlöchern. Nehmen Sie wahr, wie der Atem an der Nase sanft ein- und wieder ausströmt.

109

Schlank durch Achtsamkeit. Durch inneres Gleichgewicht zum Idealgewicht.

- Wandern Sie mit der Achtsamkeit zu den Augen, den Augäpfeln und Augenhöhlen. Achten Sie auf alle Empfindungen, die Sie aus dieser Region empfangen können.

- Erforschen Sie dann auch die Schläfen und die Stirn mit Ihrer Achtsamkeit.

- Spüren Sie noch einmal das Gesicht als Ganzes und lenken Sie die Aufmerksamkeit dann zum Kopf und zur Kopfhaut bis hinauf zum Scheitel.

- Nehmen Sie Ihren ganzen Körper noch einmal wahr – vom Scheitel abwärts durch den ganzen Körper bis hinab zu den Fußsohlen. Spüren Sie, wie Sie hier liegen – mit allen Empfindungen von Augenblick zu Augenblick. Versuchen Sie, all diesen Empfindungen mit Gelassenheit zu begegnen, ganz gleich, ob sie nun angenehm, unangenehm oder neutral sind.

5. Der Abschluss

- Zentrieren Sie sich jetzt mit Ihrer Aufmerksamkeit noch einmal beim Atem. Spüren Sie das Ein- und Ausströmen. Folgen Sie den Wellen Ihres Atems, ganz gleich, wo Sie ihn spüren – ob im Becken, im Bauch, in der Brust oder in der Nase.

- Was immer nun in das Feld Ihrer Aufmerksamkeit tritt, ob Körperempfindungen, Gefühle oder Gedanken, betrachten Sie sie einfach wie Wolken, die in Ihrem Geist entstehen, die sanft vorüberziehen – und sich schließlich wieder auflösen.

- Richten Sie Ihre Aufmerksamkeit dann wieder ganz auf Ihren Körper. Spüren Sie noch einmal den Kontakt zum Boden; spüren Sie die Berührung der Haut mit der Kleidung und die Luft, die Sie umgibt.

- Stellen Sie sich den Raum, in dem Sie liegen, innerlich vor – und werden Sie sich auch der Tageszeit bewusst. Öffnen Sie dann die Augen.

- Beenden Sie die Übung langsam, ohne die innere Ruhe und Zentriertheit aufzugeben, die Ihnen jederzeit zugänglich sind. Wenn es angenehm für Sie ist, dann strecken und räkeln Sie sich oder bewegen Sie die Hände und Füße, bevor Sie sich dem Alltag wieder zuwenden.

Details und Tipps rund um den Bodyscan

Die beschriebene Anleitung des Bodyscans mag Ihnen recht lang erscheinen, tatsächlich aber ist sie eine Kurzfassung. Im MBSR dauert ein Bodyscan normalerweise rund 45 Minuten. Allerdings gibt es auch deutlich kürzere Formen, woran Sie schon sehen, dass Sie auf der Reise nach innen ganz verschieden lange Routen einschlagen können.

Unabhängig davon, wie viel Zeit Sie sich für Ihre Reise durch den Körper nehmen – Sie werden dabei einige Dinge lernen, die auch im Zusammenhang mit Gewichtsproblemen sehr hilfreich sein können. Beispielsweise lernen Sie, Ihre Aufmerksamkeit gezielt zu lenken und werden weniger anfällig für Ablenkungen, sodass Sie nicht jeder Lust, die gerade auftaucht, ausgeliefert sind. Ihre Konzentration verbessert sich und es fällt Ihnen immer leichter, mit Ihrer Wahrnehmung zum Hier und Jetzt zurückzukehren – auch beim Essen. Vor allem aber lernen Sie Ihre Reaktionsmuster kennen und sehen, wie oft Sie dazu neigen, sich selbst zu bewerten oder abzulehnen oder wie Stress bei Ihnen entsteht und wie Ihre Fluchtmechanismen aussehen. Durch den Bodyscan lernen Sie außerdem, zwischen Denken und körperlicher Erfahrung zu unterscheiden. Je mehr Sie spüren, desto weniger müssen Sie denken und grübeln. Und je mehr Sie spüren, desto mehr können Sie auch auf die Weisheit Ihres Körpers vertrauen, statt ständig nach neuen Ernährungstipps und Diättrends Ausschau halten zu müssen.

Beim Bodyscan können Sie im Grunde nicht viel falsch machen, da es dabei ja letztlich nur darum geht, seinen eigenen Körper zu spüren. Dennoch gibt es einige hilfreiche Prinzipien, die es Ihnen erleichtern, einen guten Kontakt herzustellen.

Lenken, wahrnehmen, weiterwandern – drei einfache Stufen

Wenn Sie sich bereits mit Entspannungsmethoden wie autogenem Training, Yoga oder PMR beschäftigt haben, könnte es ein, dass Sie den Bodyscan in die gleiche Kategorie einordnen. Doch tatsächlich gibt es ein paar wesentliche Unterschiede zwischen dem Bodyscan und den meisten anderen Methoden zur Stressbewältigung:

- Der Bodyscan ist keine Entspannungsmethode. Eine tiefe Entspannung tritt zwar häufig auf, aber sie ist nicht das Ziel. Das Ziel ist Achtsamkeit.

- Die Reise durch den Körper ist weder eine Fantasiereise noch eine Trancetechnik. Sie brauchen keine Meditationsmusik und sollen auch keine inneren Bilder erzeugen. Sie nehmen einfach nur die Empfindungen wahr, die wirklich da sind.

- Es geht nicht darum, etwas Besonderes zu erreichen. Es geht auch nicht darum, zu bewerten, ob Sie gerade einen »guten« oder »schlechten« Bodyscan gemacht haben. Das Ziel der Reise ist der Weg.

- Der Bodyscan ist keine Flucht vor der Wirklichkeit, sondern das genaue Gegenteil. Statt vor dem wegzulaufen, was ist, und uns in allerlei Tätigkeiten zu verstricken, lernen wir, mit unserem Bewusstsein einmal ganz und gar in der Realität des gegenwärtigen Augenblicks zu bleiben.

Egal, ob Sie nur einen schnellen »Blitzcheck« Ihres Körpers im Alltag durchführen oder sich Zeit für einen ausgedehnten Bodyscan nehmen – die folgenden drei Stufen bieten eine gute Orientierung und gewährleisten, dass Sie bei Ihrer Reise nach innen nicht vom Weg abkommen:

1. LENKEN: Lenken Sie Ihre Achtsamkeit bewusst in Ihren Körper – genauer gesagt in den jeweiligen Körperbereich. Benutzen Sie Ihre Aufmerksamkeit wie eine Taschenlampe, mit der Sie den Weg, der vor Ihnen liegt, ausleuchten.

2. WAHRNEHMEN: Nehmen Sie alle Empfindungen wahr, die Ihnen in den jeweiligen Körperregionen begegnen – nicht nur die angenehmen wie Wärme, Leichtigkeit oder Entspannung, sondern auch die unangenehmen wie Schmerzen, Verspannungen oder Kribbeln und Jucken. Spüren Sie alles, was es zu spüren gibt – auch Gedanken oder Gefühle. Richten Sie Ihre Wahrnehmung jedoch immer wieder geduldig und sanft auf Ihren Körper.

3. WEITERWANDERN: Bleiben Sie nicht stehen, denn dann ist die Wahrscheinlichkeit groß, dass Sie einschlafen. Gehen Sie Schritt für Schritt durch die einzelnen Körperregionen. Anfangs ist es oft besser, zügig voranzuschreiten. Empfindungen wie Schmerzen oder auch Wohlbehagen verführen dazu, in der entsprechenden Körperregion »hängenzubleiben«. Lassen Sie sich nicht verlocken. Gehen Sie mit Ihrer Achtsamkeit in alle Bereiche hinein, schauen Sie, was Sie dort finden und dann: Wandern Sie weiter.

Die fünf Säulen der Achtsamkeit

Kurzüberblick über die Reihenfolge der Etappen

Je besser Sie den Weg kennen, der vor Ihnen liegt, desto leichter wird es Ihnen fallen, Ihre Achtsamkeit fließend durch den Körper zu lenken. In der Anleitung zum Bodyscan finden Sie die einzelnen Etappen. Damit Sie sich diese Etappen gut einprägen können, folgt hier ein kurzer Überblick: Nachdem Sie die nötigen Vorbereitungen getroffen und Ihre Achtsamkeit kurz auf den ganzen Körper und Ihren Atem gelenkt haben, beginnen Sie mit dem Kernstück der Übung: Dem achtsamen »Durchscannen« Ihres Körpers. Beachten Sie dabei die folgende Reihenfolge:

- *Schritt 1 – Füße und Beine:* von den Zehen durch die Füße und Beine aufwärts bis zu den Hüften (wenn Sie genug Zeit haben, können Sie erst durch das linke, dann durch das rechte Bein wandern; ansonsten folgen Sie wie beschrieben der Anleitung und lenken Ihre Achtsamkeit gleichzeitig auf beide Beine).

- *Schritt 2 – Körperrückseite:* vom Beckenboden zum Gesäß und dann aufwärts den ganzen Rücken entlang bis zu den Schulterblättern.

- *Schritt 3 – Körpervorderseite:* vom Unterbauch aufwärts zum Oberbauch und zum Brustkorb.

- *Schritt 4 – Hände und Arme:* von den Fingerspitzen beider Hände zu den Unterarmen, Ellbogen, Oberarmen bis in die Schultern.

- *Schritt 5 – Kopf und Gesicht:* vom Hals aufwärts zu Kinn, Mund, Ohren, Nase, Augen, Schläfen und Stirn. Gesicht und Kopf dann noch einmal als Ganzes spüren.

- *Schritt 6 – ganzer Körper abwärts:* abschließend vom Scheitel abwärts durch den ganzen Körper bis zu den Fußsohlen.

Die richtigen Worte finden

Wenn Sie den Bodyscan ohne CD üben, müssen Sie sich dabei selbst instruieren. Das hat Vorteile, da Sie Ihr eigenes Tempo wählen können und fremde Stimmen manchmal störend wirken. Es hat aber auch Nachteile, denn Sie können sich nicht »zurücklehnen«, sondern müssen mit Ihrem Bewusstsein während der ganzen Übung wach und aufmerksam bleiben.

In der auf den Seiten 106–110 beschriebenen Bodyscananleitung finden Sie beispielsweise Sätze wie:

»Lenken Sie Ihre Aufmerksamkeit jetzt auf Ihre Unterschenkel – auf die Empfindungen in den Waden und den Schienbeinen.«

Da Sie allein üben, müssen Sie das natürlich entsprechend »übersetzen«, indem Sie die Sätze in die Ich-Form umwandeln. Für das genannte Beispiel hieße das:

»Ich lenke die Aufmerksamkeit auf meine Unterschenkel – auf die Empfindungen in den Waden und den Schienbeinen.«

Um den Bodyscan möglichst klar und objektiv zu halten, ist es aber auch hilfreich, neutral zu formulieren:

»Jetzt die Achtsamkeit auf die Unterschenkel lenken. Alle Empfindungen in den Waden und den Schienbeinen spüren.«

Erfahrungsgemäß ist es günstig, diese beiden Formen zu mischen.

- Gute Formulierungen

Während Sie mit Ihrer Achtsamkeit durch Ihren Körper reisen, sprechen Sie innerlich mit sich selbst. Und ebenso wie im Umgang mit anderen, ist die richtige Wortwahl auch im Umgang mit sich selbst wichtig – das gilt erst recht für Achtsamkeitsübungen wie den Bodyscan.

Im Folgenden finden Sie einige hilfreiche Formulierungen – als Beispiel soll dabei die Wahrnehmung der Empfindungen in den Füßen dienen:

»Ich spüre die Füße.«

»Die Achtsamkeit/Aufmerksamkeit jetzt auf die Füße richten.«

»Alle Empfindungen in den Füßen wahrnehmen/erforschen.«

- Entspannende Elemente einbauen

Auch wenn der Bodyscan keine Entspannungsübung im klassischen Sinne ist, so setzt offenes Gewahrsein doch voraus, dass Sie sich während der Übung nicht anspannen. Einige Formulierungen helfen dabei, den Druck aus der Übung zu nehmen:

»Einfach nur spüren, was in diesem Moment ist – ohne mich anzustrengen.«

»Was immer ich hier in dieser Körperregion wahrnehme – es ist in Ordnung.«

»Alles darf jetzt so sein, wie es ist.«

»Und wenn ich nichts spüre, ist das auch vollkommen in Ordnung.«

»Ich füge keine Empfindung hinzu und schließe auch keine Empfindung aus.«

- Konkretisieren

Die meisten Menschen spüren Empfindungen eher, wenn man ihnen Angebote macht. Natürlich können Sie solche Auswahlmöglichkeiten auch in Ihren Bodyscan einbauen:

»Vielleicht fühlt sich dieser Bereich weich oder angespannt an. Vielleicht spüre ich Wärme oder Kühle, Trockenheit oder Feuchtigkeit. Vielleicht gibt es Empfindungen wie Kribbeln, Jucken, Schmerzen oder Pulsieren.«

»Ich achte darauf, ob ich den Kontakt mit dem Boden spüren kann – die Schwere des Fußes; oder ob ich den Kontakt mit der Kleidung, mit den Socken wahrnehmen kann.«

»Kann ich die Bewegung des Atems spüren? Das sanfte Auf und Ab an der Bauchdecke oder im Brustkorb? Vielleicht ist es möglich, mit dem Ausatmen ein wenig Spannung loszulassen.«

- Auf die Feinheiten achten

Anfangs ist es sinnvoll, bei der Reise durch den Körper auf den Hauptwegen zu bleiben. Wenn Sie jedoch etwas mehr Erfahrung und die nötige Zeit haben, können Sie auch einmal auf Nebenpfaden wandern und Ihre Achtsamkeit auf die Blumen am Wegesrand richten. Mit anderen Worten: Achten Sie auch auf die Details.

Statt Ihre Achtsamkeit pauschal auf den Fuß zu richten, können Sie beispielsweise jede einzelne Zehe spüren und sogar den Zwischenraum zwischen den Zehen erforschen. Sie können die gesamte Fußsohle abscannen und darauf achten, an welcher Stelle genau die Ferse auf dem Boden aufliegt. Sie können auch in den Fuß hineinspüren – die Mittelfußknochen und Zehenknochen spüren oder versuchen, Empfindungen aus dem Inneren des Fußgelenks zu empfangen.

Je feiner Ihre Achtsamkeit wird, desto leichter wird es Ihnen fallen, nicht nur die Haut, sondern auch die Muskeln, Gelenke und Knochen zu erspüren. Und je öfter Sie Ihre Achtsamkeit auch in die Tiefe wandern lassen, desto detaillierter werden die Signale sein, die Sie empfangen.

Ablenkungen gehören auch zur Reise

Wenn Sie damit beginnen, Ihre Aufmerksamkeit Schritt für Schritt in den Körper zu lenken, werden Sie dabei schnell bemerken, dass es gar nicht so einfach ist, auf dem Weg zu bleiben. Eine Erfahrung, die jeder von uns macht, ist, dass schon bald Gedanken auftauchen werden. Plötzlich ertappen wir uns dabei, dass wir an unseren letzten Urlaub, ein Telefonat mit einer Freundin oder die Einkäufe, die noch zu erledigen sind, denken, statt uns auf unseren Körper zu konzentrieren.

Ablenkungen sind ganz normal. Es liegt in der Natur unseres Geistes, in Bewegung zu bleiben und abzuschweifen. Wenn der Körper so unbewegt bleibt wie beim Bodyscan, werden uns diese mentalen Regungen, die übrigens immer da sind, natürlich besonders stark bewusst.

Genau genommen sind abschweifende Gedanken keine Ablenkung, sondern Teil der Reise. Während des Bodyscans beobachten Sie, wie körperliche Empfindungen kommen und gehen. Und ebenso können Sie wahrnehmen, wie Gedanken kommen und gehen. Jeder Moment, in dem Sie sich beim Tagträumen oder Grübeln ertappen, ist ein Moment der Achtsamkeit.

Wann immer Sie bemerken, dass Sie mit Ihrem Bewusstsein nicht mehr bei den Empfindungen Ihres Körpers sind, sondern dass Ihre Gedanken auf Reisen gegangen sind, sollten Sie

- das zunächst einfach registrieren,
- die Gedanken oder Gefühle, die Ihnen bewusst werden, als Teil der Reise willkommen heißen,
- die Achtsamkeit dann wieder sanft auf den Körper zurücklenken, sodass die Gedanken weiterziehen können.

Wenn Schmerzen anklopfen

Achtsam zu sein bedeutet, dass wir den Mut haben, hinzuschauen, statt wegzulaufen. Gerade wenn unangenehme Empfindungen auftreten, ist das nicht immer leicht. Alles so anzunehmen, wie es ist, ohne dem Impuls zu folgen, es möglichst schnell verändern zu wollen, erfordert innere Kraft.

Die fünf Säulen der Achtsamkeit

Ebenso wie wir alle bestimmte seelische Problemzonen haben, haben wir auch körperliche Schwachpunkte. Gerade beim Bodyscan können zum Beispiel Beschwerden wie Rücken- und Nackenschmerzen, aber auch Schmerzen oder Druckgefühle im Bereich der Verdauungsorgane uns auf diese Schwachpunkte hinweisen.

Wenn während der Übung Schmerzen auftauchen, so sollten Sie ihnen ebenso neutral und offen begegnen wie allen anderen Empfindungen. Sehen Sie sich den Schmerz innerlich genau an:

- Wo genau tritt er auf?
- Ist er oberflächlich oder tief?
- Betrifft er eher die Haut oder die Muskeln, Knochen, Gelenke oder Organe?
- Ist er pochend, stechend, ziehend?
- Ist der Schmerz die ganze Zeit da – oder kommt und geht er?

Betrachten Sie den Schmerz wie einen Gast, dem Sie Ihre volle Aufmerksamkeit widmen. Nehmen Sie die Empfindung des Schmerzes möglichst detailliert wahr und dann – wandern Sie weiter. Bleiben Sie nicht in der schmerzenden Körperstelle hängen.

Die Blitztechnik

Menschen, die unter Übergewicht leiden, sind meist nicht besonders freundlich zu sich selbst. Wer es gewohnt ist, sich ständig zu bewerten oder von anderen für sein Aussehen bewertet zu werden, tut sich schwer, ein gesundes Selbstbewusstsein aufzubauen. Doch damit die Urteile von anderen und unsere Selbsturteile ihre zerstörerische Kraft verlieren, ist es wichtig, sich seiner selbst (und das heißt vor allem auch seines Körpers) wirklich klar bewusst zu sein.

Der Bodyscan hilft dabei, eine freundliche, annehmende Haltung gegenüber sich selbst einzunehmen. Wie so oft ist auch das eine Frage der Übung. Nicht immer muss diese Übung in Form eines ausführlichen Bodyscans stattfinden – gerade im Alltag ist die »Blitztechnik« oft praktikabler.

117

Die Blitztechnik ist nichts anderes als ein schneller Bodyscan – eine kurze Reise durch den Körper. Sie können diese Technik im Stehen, Sitzen und Liegen anwenden und Ihren Körper dabei wie ein Scanner scheibchenweise vom Scheitel bis zur Sohle mit Ihrer Achtsamkeit durchleuchten. Wenn möglich, sollten Sie die Augen schließen, die Übung funktioniert aber auch mit offenen Augen. Lenken Sie Ihre Achtsamkeit auf Ihren Scheitel – den höchsten Punkt Ihres Kopfes. Lassen Sie die Achtsamkeit dann abwärts wandern – durch den Kopf, den Hals, den Nacken, die Schultern und die Arme, dann durch den Rumpf zum Becken und durch die Beine abwärts zu den Füßen. Dieser Streifzug durch den Körper von oben nach unten kann drei Minuten, aber auch nur 30 Sekunden lang dauern. Im Gegensatz zum Bodyscan geht es bei der Blitztechnik nicht darum, möglichst alle Körperbereiche detailliert zu erfassen, sondern sich einfach zwischendurch auf seinen Körper zu besinnen und Kontakt zu ihm herzustellen.

Bevor Sie den schnellen Bodyscan im Wartezimmer, an der Bushaltestelle, in der Kantine oder im Büro durchführen – und das sollten Sie, denn Übung macht den Meister – ist es sinnvoll, zunächst einmal ungestört zu Hause zu üben. Beobachten Sie, wie sich die Blitztechnik im Stehen, Sitzen oder Liegen anfühlt und experimentieren Sie auch mit der Zeit. Mit etwas Übung wird es Ihnen leichtfallen, auch mitten im Alltag immer wieder einmal kurz Kontakt mit Ihrem Körper aufzunehmen und sich in ihm zu zentrieren.

Seinen Körper vor dem Essen spüren

Unser Verhalten beim Essen hängt stark davon ab, ob wir uns selbst spüren oder nicht. Je näher Sie sich selbst sind, desto unwahrscheinlicher ist es, dass der Autopilot die Führung übernimmt und Sie Dinge und Mengen essen, die Sie später bereuen. Eine einfache Möglichkeit, seine Achtsamkeit beim Essen zu verfeinern, besteht darin, sich kurz vor seiner Mahlzeit im Körper zu zentrieren. Sie müssen dazu nicht mit Ihrer Aufmerksamkeit durch Ihren ganzen Körper wandern. Es genügt schon, kurz »zu sich zu kommen«, und Sie müssen noch nicht einmal die Augen schließen. Beobachten Sie einfach die Situation vor dem Essen so, wie sie ist und stellen Sie sich ein paar einfache Fragen:

Die fünf Säulen der Achtsamkeit

- Stehe oder sitze ich?

- Wie fühlt sich mein Körper an? Fühle ich mich leicht oder schwer, habe ich Schmerzen, spüre ich Verspannungen oder fühle ich mich entspannt?

- Kann ich den Kontakt meines Körpers zur Unterlage ertasten? Kann ich beispielsweise spüren, wie und an welchen Stellen die Füße den Boden berühren? Kann ich fühlen, wie mein Gesäß auf dem Stuhl oder der Rücken an der Stuhllehne anliegt?

- Wo ist der Atem wahrnehmbar? Im Bauch? In der Brust, im Rücken oder an der Nase?

- Sind die Schultern weich und entspannt oder ziehe ich sie unwillkürlich nach oben? Und wie fühlt sich das Gesicht an?

Gewöhnen Sie es sich an, immer wieder einmal in Ihren Körper hineinzuspüren. Dabei geht es nicht darum, etwas zu verändern, sondern einfach nur darum, Ihre Aufmerksamkeit auf sich selbst zu richten, statt zur Zeitung oder zum Handy zu greifen. Vor allem dann, wenn Sie im Stress sind, ist es wichtig, sich wieder im Hier und Jetzt zu verankern. Um in den gegenwärtigen Augenblick zurückzukehren, ist Denken meist hinderlich, Spüren jedoch immer hilfreich.

3. Das Achtsamkeitstagebuch – Essmuster durchschauen

Tagebücher sind sehr hilfreich, wenn es darum geht, einen umfassenderen Blick auf unser Leben und unsere Entwicklung zu werfen. Ein Tagebuch macht uns viele Zusammenhänge bewusst. Es zeigt uns zum Beispiel, wie unsere Stimmungen unser Verhalten beeinflussen. Zugleich schafft der Prozess, unsere Erfahrungen im Rückblick schriftlich auszuformulieren, auch einen gesunden Abstand zum Erlebten. Diesen Abstand können wir gut gebrauchen, um uns aus alten Mustern zu befreien.

Um Essmuster zu erkennen und zu durchbrechen, ist ein Achtsamkeitstagebuch Gold wert. Wenn Sie ein Achtsamkeitstagebuch führen,

- beginnen Sie klarer zu sehen, wie Sie »ticken«,

- finden Sie heraus, wo die gefährlichsten Fressfallen auf Sie warten,

- erkennen Sie besser, was Ihnen gut tut und was Sie belastet,

- können Sie erforschen, wie Sie darauf reagieren, wenn Sie »zu viel« oder »das Falsche« gegessen haben oder herausfinden, ob Sie dazu neigen, sich selbst zu verurteilen oder Schuldgefühle zu entwickeln.

Was das Achtsamkeitstagebuch nicht ist

Keine Wertungen: Wenn Sie eine Zeitlang ein Ernährungstagebuch führen, ist es wichtig zu wissen, dass es dabei nicht darum geht, sich selbst zu benoten oder irgendwelche »Fehler« aufzudecken. Auch für das Achtsamkeitstagebuch gelten natürlich alle Prinzipien, auf die es bei der Schulung der Achtsamkeit ankommt. Das heißt, dass Sie offen und neugierig bleiben und urteilsfrei beobachten sollten, was auch immer Sie erfahren. Es ist nicht so interessant, ob das, was Sie gegessen haben, das »Richtige« war. Viel interessanter ist, Muster in Ihrem eigenen Verhalten aufzudecken und zu erkennen, ob und in welchen Situationen Sie sich von Ihrem »Autopiloten« steuern lassen. Je mehr Sie nämlich über sich selbst erfahren, desto freier können Sie anschließend darüber entscheiden, ob Sie Ihre bisherigen Verhaltensweisen beibehalten oder verändern wollen.

Kein analysieren: Widerstehen Sie der Versuchung, Ihr Achtsamkeitstagebuch als Diättagebuch zu verwenden. Bei den üblichen Diättagebüchern geht es darum, genau zu analysieren, was und wie viel Sie essen und dabei Kalorien oder»Punkte«zu zählen. Dabei ist jede Kleinigkeit, die Sie essen, auf Kohlenhydrate-, Fett- und Eiweißgehalt zu überprüfen und all das dann schriftlich festzuhalten.

Ein Achtsamkeitstagebuch dient nicht dazu, zum Rechenmeister zu werden. Zahlen, Kalorien, Nährstoffe usw. spielen hierbei überhaupt keine Rolle. Das Einzige, was wirklich zählt, sind Sie selbst. Wenn Sie Tagebuch schreiben, sollten Ihre Gefühle, Ihre Gedanken, die Situationen, mit denen Sie zu tun haben und Ihr Verhalten beim Essen im Mittelpunkt stehen, denn das ist das Einzige, worum es wirklich geht – auch und gerade beim Essen.

Keine Anstrengung: Menschen, die kein Tagebuch führen – und das sind sicher die meisten – tun das vor allem deshalb nicht, weil das Ganze auf die Dauer zu anstrengend wird. Nach einem vollen Arbeitstag auch noch Tagebuch führen zu müssen, mag vielleicht zwischendurch reizvoll sein, mit der Zeit werden die Notizen jedoch immer häufiger vergessen, denn schließlich gibt es ja genug andere Dinge, die erledigt werden müssen.

Das Achtsamkeitstagebuch ist allerdings kein Tagebuch, dass Sie für den Rest Ihres Lebens führen müssten. Es hat seinen Platz und seinen Sinn innerhalb des fünfwöchigen Übungsprogramms; danach können Sie das Schreiben wieder einstellen. Die Erfahrung zeigt, dass viele Menschen auch langfristig nicht mehr auf ihre Notizen verzichten wollen, da diese die Selbstreflexion fördern. Doch natürlich ist Selbsterkenntnis auch ohne schriftliche Aufzeichnungen möglich – von Augenblick zu Augenblick.

Sehen Sie das Achtsamkeitstagebuch nicht als Zwang, sondern als Chance an. Für eine begrenzte (und nicht allzu lange) Zeitspanne kann es sehr wichtig werden und uns die Augen öffnen. Diese Gelegenheit sollten wir nutzen. Befreien Sie sich von der Vorstellung, dass es anstrengend wäre, sich Notizen zu machen. Die folgenden Vordrucke helfen Ihnen, Ihre Erfahrungen in wenigen Minuten festzuhalten. Und da Sie die Fragen ganz spontan und aus dem Bauch heraus beantworten sollten, ist es auch nicht nötig, sich den Kopf zu zerbrechen. Sie werden sehen: Es ist nicht nur einfach, sondern auch spannend, ein Achtsamkeitstagebuch zu führen.

Das Achtsamkeitstagebuch und die »Notizen im Hier und Jetzt«

Im Folgenden werden Sie zwei Varianten kennenlernen, die es Ihnen ermöglichen, Ihre Erfahrungen rund ums Essen schriftlich zu fixieren:

1. Das Achtsamkeitstagebuch

2. Die »Notizen im Hier und Jetzt«

Da diese beiden Methoden in unterschiedlichen Situationen eingesetzt werden und auch zu unterschiedlichen Erkenntnissen führen, ist es sinnvoll, beide gleichzeitig einzusetzen – wenigstens für kurze Zeit.

Das Ziel dieser Methoden besteht darin, sich intensiver als bisher mit dem Thema »Achtsamkeit beim Essen« zu beschäftigen. Wohlgemerkt nicht mit dem Thema »Essen«, denn wer unter Gewichtsproblemen leidet, hat ohnehin schon sein halbes Leben damit verbracht, an Essen oder besser gesagt »Nicht-essen-Dürfen« zu denken. Und genau darum geht es weder beim Achtsamkeitstagebuch noch bei den »Notizen im Hier und Jetzt«.

Wie so oft, wenn es um achtsamkeitsbasierte Methoden geht, gilt auch beim Aufschreiben der eigenen Erfahrungen: Probieren Sie es unbedingt aus! Machen Sie es einfach einmal einige Tage lang. Der Zeitaufwand ist wirklich vernachlässigbar. Für die kurzen Notizen während des Tages brauchen Sie weniger als fünf Minuten. Und auch für die Eintragungen im Achtsamkeitstagebuch brauchen Sie wahrscheinlich keine zehn Minuten. Das ist wenig Zeit im Vergleich zu den vielen Jahren, in denen unbewusste Muster unser Verhalten dominierten. Und auch wenn Wunder selten sind: Wenn Sie neben dem achtsamen Essen auch das Achtsamkeitstagebuch und die Notizen konsequent in die Praxis umsetzen, sollten Sie sich auf ein paar überraschende Erkenntnisse und Veränderungen gefasst machen, die dem einen oder anderen durchaus wie ein kleines Wunder erscheinen werden ...

Das Achtsamkeitstagebuch

Das Achtsamkeitstagebuch dient dazu, auf den Tag zurückzublicken und ihn noch einmal kurz Revue passieren zu lassen. Folglich sollten Sie auch nur einmal täglich, und zwar abends, in das Tagebuch hineinschreiben. Das Ziel des Achtsamkeitstagebuchs besteht darin, ferngesteuertes Handeln zu entlarven und sein Bewusstsein zu verfeinern. Und da es in diesem Buch ja um das Thema Ernährung geht, sollten Sie in Ihrem Achtsamkeitstagebuch spezifische Fragen zu den Hauptmahlzeiten beantworten.

Damit Sie dabei keine Romane schreiben müssen, finden Sie im Folgenden einige Fragen, die Sie durch einfaches Ankreuzen und etwas eigenen Text beantworten können.

Die Seiten 124 und 125 sind als Kopiervorlage angelegt.

Notizen im Hier und Jetzt

Im Gegensatz zum Achtsamkeitstagebuch geht es bei den »Notizen im Hier und Jetzt« nicht darum, in die Vergangenheit zu schauen, sondern die jetzige Situation zu betrachten. Auch stehen diesmal weniger Ihre Verhaltensweisen als vielmehr Ihre Gefühle und Stimmungen im Mittelpunkt.

Das Ziel der (Schreib-)Übung ist es, emotionale Muster zu erkennen, die oft die Ursache für emotionales Essen sind. Es geht darum, den eigenen Gefühlen mehr Aufmerksamkeit zu schenken. Und so wird es gemacht:

1. Wählen Sie täglich eine Mahlzeit aus, bei der es Ihnen möglich ist, sich ein paar Notizen zu machen.

2. Beantworten Sie die»Fragen davor«, unmittelbar bevor Sie zu essen beginnen.

3. Beantworten Sie die »Fragen danach« innerhalb der ersten beiden Stunden nach dem Essen.

Die Durchführung ist einfach – alles, was Sie brauchen, ist ein kleiner Notizblock oder ein paar Kopien der Seiten 126 und 127.

Schlank durch Achtsamkeit. Durch inneres Gleichgewicht zum Idealgewicht.

Mein Achtsamkeitstagebuch

Datum: **Name:**

FRÜHSTÜCK	JA	NEIN
Haben Sie tendenziell zu schnell gegessen?		
Haben Sie tendenziell zu viel gegessen?		
Haben Sie sich nach dem Essen übersättigt gefühlt?		
Haben Sie im Stehen oder Gehen gegessen?		
Waren Sie abgelenkt, haben Sie eher unkonzentriert gegessen?		
Haben Sie eher zu schweren, kalorienreichen Nahrungsmitteln gegriffen als zu leichter, vitaminreicher Kost?		
Standen Sie unter Stress, als Sie gegessen haben?		

MITTAGESSEN	JA	NEIN
Haben Sie tendenziell zu schnell gegessen?		
Haben Sie tendenziell zu viel gegessen?		
Haben Sie sich nach dem Essen übersättigt gefühlt?		
Haben Sie im Stehen oder Gehen gegessen?		
Waren Sie abgelenkt, haben Sie eher unkonzentriert gegessen?		
Haben Sie eher zu schweren, kalorienreichen Nahrungsmitteln gegriffen als zu leichter, vitaminreicher Kost?		
Standen Sie unter Stress, als Sie gegessen haben?		

ABENDESSEN	JA	NEIN
Haben Sie tendenziell zu schnell gegessen?		
Haben Sie tendenziell zu viel gegessen?		
Haben Sie sich nach dem Essen übersättigt gefühlt?		
Haben Sie im Stehen oder Gehen gegessen?		
Waren Sie abgelenkt, haben Sie eher unkonzentriert gegessen?		
Haben Sie eher zu schweren, kalorienreichen Nahrungsmitteln gegriffen als zu leichter, vitaminreicher Kost?		
Standen Sie unter Stress, als Sie gegessen haben?		

Die fünf Säulen der Achtsamkeit

Über den ganzen Tag gesehen: Gab es heute im Zusammenhang mit dem Essen etwas, was Sie besonders geärgert oder negative Gefühle in Ihnen ausgelöst hat?

Wenn ja, wodurch wurden sie ausgelöst?

Wie hat Ihr Körper sich dabei gefühlt?

Über den ganzen Tag gesehen: Gab es heute im Zusammenhang mit dem Essen etwas, worüber Sie sich gefreut haben oder was positive Gefühle in Ihnen ausgelöst hat?

Wenn ja, wodurch wurden sie ausgelöst?

Wie hat Ihr Körper sich dabei gefühlt?

Notizen im Hier und Jetzt

Datum: **Name:**

FRAGEN DAVOR	JA	NEIN	WEISS NICHT
Habe ich im Moment wirklich Hunger?			
Habe ich wirklich Lust auf das, was ich essen werde?			
Ist die Portion oder Menge angemessen?			
Leide ich momentan unter belastenden Gefühlen wie Einsamkeit, Langeweile, innere Unruhe, Ärger oder Traurigkeit?			
Brauche ich jetzt eher Entspannung oder innere Nahrung statt Essen?			

Wie würde ich meinen momentanen Stresslevel auf einer Skala von 0 bis 10 einschätzen? (0 = keinerlei Stress; 10 = starker Stress)

Stressskala

Die fünf Säulen der Achtsamkeit

FRAGEN DANACH (bis zwei Stunden nach dem Essen)

Wie fühle ich mich im Moment? Kann ich bestimmte positive oder negative Emotionen wahrnehmen?

Habe ich das Gefühl, dass die letzte Mahlzeit meine Verdauungsorgane belastet hat? Leide ich gerade unter Magendrücken, Blähungen, Völlegefühl, Übelkeit oder Schmerzen? Wenn ja: Was bemerke ich im Körper?

Wie würde ich meinen momentanen Stresslevel auf einer Skala von 0 bis 10 einschätzen? (0 = keinerlei Stress; 10 = starker Stress)

Stressskala

01 02 03 04 05 06 07 08 09 10

4. Meditation – loslassen und bei sich ankommen

Die Meditation oder das »Sitzen in der Stille« gilt als Königsweg zur Entwicklung der Achtsamkeit. Falls Sie mit Gewichtsproblemen zu kämpfen haben, werden Sie sich vielleicht fragen, was es Ihnen denn bringen soll, täglich 15 oder 20 Minuten »herumzusitzen«. Der Kalorienverbrauch ist dabei schließlich gleich Null. Und ohnehin sitzen wir doch schon viel zu oft und bewegen uns zu wenig. Das stimmt zwar, doch andererseits unterscheidet sich die Sitzmeditation auch vollkommen vom alltäglichen Sitzen im Büro, Auto oder vor dem Fernseher.

Obwohl Meditation eine jahrtausendealte Methode ist, ist sie auch heute noch die wohl effektivste Übung, um zu innerer Ruhe, Gelassenheit und Ausgeglichenheit oder, mit anderen Worten, zu sich selbst zu kommen. Meditation befreit von negativen Gedanken, Unruhe und Unausgeglichenheit. Sie hilft dabei, ein gesundes Selbstbewusstsein aufzubauen und liebevoller mit sich umzugehen. Meditation verleiht mehr Leichtigkeit. Gleichzeitig verbessert sich der Kontakt zum eigenen Körper. Alle diese Vorteile sind gerade auch für Menschen hilfreich, die unter Übergewicht leiden und ihren Körper infolgedessen oft als Gegner betrachten oder dazu neigen, sich selbst abzuwerten.

In der Sitzmeditation gewinnen wir einen gesunden Abstand zu unseren Meinungen über uns selbst, aber auch zu Sorgen oder Grübelei. Während der Sturm unserer Gedanken und Gefühle sich legt, gleicht unser Geist immer mehr einem klaren, spiegelnden See. Wir lernen, unser negatives Denken genau zu beobachten und zu beobachten, dass sich Gedanken ebenso schnell wieder auflösen, wie sie erscheinen. Auf diese Weise entsteht innerer Freiraum – wir werden offener und weiter.

Statt uns von unserer Sehnsucht nach immer mehr leiten zu lassen (die auch unser Essverhalten beeinflusst), kommen wir in unserem Zentrum an und erlangen Zufriedenheit und Gelassenheit. In einem sehr umfassenden Sinne werden wir dadurch »schneller satt«. Wir brauchen nicht immer mehr Güter, Geld, Anerkennung und auch nicht immer mehr Kalorien, um glücklich zu sein. Was da ist, ist vollkommen ausreichend – ob in unserem Leben oder auf unserem Teller.

Die Wirkungen regelmäßiger Meditation

Wenn Sie beginnen, das Sitzen in der Stille in Ihren Alltag einzubauen, werden Sie anfangs vielleicht noch keine großen Veränderungen spüren. Doch Beharrlichkeit zahlt sich aus, denn mit der Zeit werden die Früchte immer deutlicher sichtbar. Zu den häufigsten Wirkungen der Meditation gehören:

Innere Ruhe: Sie werden gelassener, regen sich nicht mehr so leicht auf und können auch in belastenden Zeiten entspannt bleiben.

Bessere Konzentration: Da Ihr Geist lernt, sich zu (kon)zentrieren, wird Ihr Denken klarer. Sie lernen, sich zu sammeln. Sie neigen immer weniger zu Zerstreuung und Ziellosigkeit und Ihr Leben bekommt eine klarere Richtung.

Gesteigerte Achtsamkeit: Meditation dient nicht dazu, in einen Dämmerzustand oder entspannte Schläfrigkeit zu fallen, sondern ganz im Gegenteil: Durch das genaue Beobachten dessen, was im jeweiligen Augenblick geschieht, werden Sie achtsamer und wacher. Diese verfeinerte Achtsamkeit wird Sie dann auch in Ihrem Alltag begleiten.

Selbstakzeptanz: Durch die Meditation lernen Sie sich selbst besser kennen. Sie lernen Ihre Stärken und Schwächen kennen und erfahren, dass diese so, wie sie sind, nur zu menschlich und völlig in Ordnung sind. Und genau so, wie Sie einem Freund gegenüber umso mehr Mitgefühl entwickeln können, je besser Sie ihn kennen und je mehr Sie verstehen, werden Sie auch sich selbst besser akzeptieren können, wenn Sie erkennen, dass Sie viel mehr sind als nur das Bild, das Sie von sich haben.

Stabilere Gesundheit: Regelmäßige Meditation wirkt sich auch auf den Körper aus. In der tibetischen Medizin weiß man seit Jahrtausenden, dass jede körperliche Erkrankung aus einem Ungleichgewicht in den feineren Ebenen, also Seele und Geist, resultiert. Moderne Forschungen bestätigen den enormen Einfluss, den Gedanken und Gefühle auf unseren Körper haben. Forschungszweige, wie die Psychosomatik oder die Psychoneuroimmunologie, beschäftigen sich intensiv mit diesen Wechselwirkungen. Auch wenn es natürlich nie eine Garantie für Gesundheit geben kann: Die Wahrscheinlichkeit, dass Ihr Immunsystem, Ihr Stoffwechsel, die Verdauung, der Kreislauf usw. optimal arbeiten, ist umso höher, je ausgeglichener und entspannter Sie sind.

Schlank durch Achtsamkeit. Durch inneres Gleichgewicht zum Idealgewicht.

Stress- und Gewichtsreduktion: Über die Zusammenhänge zwischen Stress und Übergewicht haben Sie im ersten Teil dieses Buches ja bereits einiges erfahren. Kurz zusammengefasst können wir sagen, dass Stress dick macht; zumindest dann, wenn stressauslösende Zustände wie Einsamkeit, Kummer, Langeweile, Zeit- und Leistungsdruck oder Belastungen in Beruf und Familie dazu führen, dass wir Trost in Kalorienreichem suchen. Meditation stärkt unsere seelischen Abwehrkräfte und schenkt uns Gelassenheit. Wenn wir achtsam sind, können wir jederzeit aus der alltäglichen Achterbahn aussteigen und die Sichtweise des neutralen Beobachters einnehmen. Dadurch erkennen wir unsere Fluchtmechanismen, ohne auf sie hereinfallen zu müssen. Und in dem Maße, in dem der Stresspegel sinkt, sinkt auch die Gefahr emotionalen Essens.

Die Achtsamkeitsmeditation – Kurzanleitung

Im Folgenden lernen Sie eine einfache, ursprüngliche Art der Meditation kennen – die»Achtsamkeitsmeditation«. Beim achtsamen Sitzen in der Stille konzentrieren wir uns nicht auf ein Objekt wie eine Kerze, ein Bild oder ein Mantra. Stattdessen lenken wir unsere Achtsamkeit auf unseren Körper und unsere Atmung und nehmen schließlich alle Veränderungen in jedem lebendigen Augenblick wahr.

Eine gesprochene Anleitung zur Sitzmeditation können Sie sich kostenlos auf unserer Homepage www.schlank-durch-achtsamkeit.de herunterladen. Darüber hinaus gibt es zahlreiche gute CDs auf dem Markt – mehr dazu finden Sie in den Literaturempfehlungen auf Seite 170. Die folgende Kurzanleitung dient als Orientierung und führt Sie in fünf einfachen Schritten durch die Sitzmeditation. Detailliertere Informationen finden Sie dann noch im Anschluss an diese Übungsanleitung.

Schritt 1 – für Ruhe sorgen: Nehmen Sie sich mindestens 15 Minuten Zeit, um zu meditieren. Wählen Sie bequeme Kleidung und suchen Sie sich einen ruhigen Platz, an dem Sie sich geborgen fühlen und ungestört sind. Schaffen Sie sich eine möglichst friedvolle Atmosphäre.

Schritt 2 – aufrecht und entspannt sitzen: Entscheiden Sie grundsätzlich, ob Sie auf einem Stuhl, einem Meditationskissen oder einem Bänkchen sitzen wollen. Bedenken Sie, dass die Sitzmeditation kein Härtetest ist. Es

130

Die fünf Säulen der Achtsamkeit

geht nicht darum, steif und mit zusammengebissenen Zähnen durchzu-
halten. Vielmehr sollte Ihre Sitzposition aufrecht, aber doch angenehm,
stabil und entspannt sein. Wichtig ist, dass Sie sich nicht anlehnen, wenn
Sie auf einem Stuhl sitzen.

Die Wirbelsäule ist aufrecht, Schultern und Gesicht sind entspannt und
der Atem sollte frei fließen können. Die Hände ruhen entspannt auf den
Knien oder Oberschenkeln oder sie werden ineinander in den Schoß
gelegt. Augen und Mund sind sanft geschlossen.

Schritt 3 – ganz im Körper ankommen: Sobald Sie stabil sitzen, lenken Sie
Ihre Achtsamkeit auf Ihren Körper. Kommen Sie ganz in Ihrem Körper an.
Spüren Sie, wo Ihre Beine oder Füße den Boden berühren und an welchen Stellen Ihr Gesäß mit der Sitzunterlage in Kontakt ist. Spüren Sie die
natürliche Schwere Ihres Körpers. Lassen Sie los, lassen Sie sich tragen
und »verwurzeln« Sie sich mit dem Boden.

Überprüfen Sie innerlich Ihre Haltung. Ist der Rücken aufrecht? Sind die
Schultern entspannt? Können Sie noch Anspannungen in Nacken, Kiefer
oder Gesicht loslassen? Können Sie Ihren Bauch- und Beckenraum als stabiles Zentrum, als Ihren Schwerpunkt wahrnehmen?

Spüren Sie Ihren Körper als Ganzes. Wann immer Gedanken auftauchen,
nehmen Sie das einfach nur zur Kenntnis und lenken die Achtsamkeit dann
wieder sanft auf den Körper und die körperlichen Empfindungen zurück.

Schritt 4 – den Atem achtsam begleiten: Richten Sie Ihre Aufmerksamkeit
nach einigen Minuten dann ganz auf Ihre Atmung. Nehmen Sie die sanfte
Bewegung im Bauch wahr. Achten Sie darauf, wie sich die Bauchdecke
beim Einatmen leicht hebt und sich beim Ausatmen wieder senkt. Folgen Sie dieser natürlichen Wellenbewegung einfach mit entspannter
Aufmerksamkeit. Wichtig ist, dass Sie den Atem nicht »machen« oder willentlich verändern. Das Beobachten des Atems ist keine »Atemübung«. Es
geht nicht darum, tiefer oder langsamer zu atmen – ganz im Gegenteil: Es
ist ganz egal, ob Ihr Atem flach oder tief, kurz oder lang, schnell oder lang
ist. Ihr Atem ist einfach Ihr Atem. Er verändert sich in jedem Augenblick –
und das ist vollkommen in Ordnung so.

Wenn Ablenkungen wie Gedanken oder Körperempfindungen Ihre Aufmerksamkeit auf sich ziehen, dann lenken Sie Ihre Achtsamkeit immer
wieder aufs Neue auf die Atembewegung im Bauchbereich – sanft und

131

freundlich. Schauen Sie Ihrem Atem entspannt, aber wach zu, so wie Sie den Wellen des Ozeans am Strand zuschauen würden.

Schritt 5 – achtsam im Hier und Jetzt sein: Lösen Sie sich nach einigen Minuten von der Beobachtung Ihres Atems. Öffnen Sie sich ab jetzt für alle Empfindungen, die Ihnen im jetzigen Moment bewusst werden. Nehmen Sie alles, was auftaucht, achtsam wahr, ohne es zu bewerten: Vielleicht werden Sie Gedanken bemerken, die Sie in die Zukunft oder Vergangenheit entführen wollen. Vielleicht werden Ihnen auch Körperempfindungen wie Schmerzen, Spannungen oder Jucken oder auch Wärme und Wohlgefühl bewusst. Wahrscheinlich werden Sie auch Geräusche – beispielsweise Stimmen, Gelächter, Auto- oder Regengeräusche – bemerken. Oder es tauchen Gefühle auf, die nur subtil oder auch sehr stark sein können ...

Was auch immer es ist, lassen Sie es einfach sein, wie es im Augenblick ist. Entspannen Sie sich in das Sein hinein. Mit der Zeit wird der Sturm Ihrer Gedanken, Gefühle und Körperempfindungen ganz von selbst abebben, und Ihr Geist wird dabei immer klarer und stiller werden.

Details und Tipps zum Sitzen in der Stille

Bei der Meditation können Sie im Grunde nicht viel falsch machen. Wichtig ist nur, dass Sie wach und entspannt bleiben und achtsam im Hier und Jetzt sind. Andererseits gibt es natürlich viele Details, die wichtig sein können, um Probleme zu vermeiden und die Wirkungen der Meditation zu verbessern. Im Folgenden finden Sie daher einige Ausführungen zu der beschriebenen Sitzanleitung:

Zeitmanagement

Im Zusammenhang mit Meditation heißt Zeitmanagement erstens, dass Sie gut überlegen sollten, wann Sie sich regelmäßig etwas Zeit für das Sitzen nehmen können. Der frühe Morgen ist ein guter Zeitpunkt, aber natürlich können Sie auch abends meditieren. Ideal wäre es jedoch, wenn Sie immer zum selben Zeitpunkt üben könnten.

Zweitens heißt Zeitmanagement, dass Sie ein Signal brauchen, das Ihnen anzeigt, wann Ihre Meditationszeit, die Sie unbedingt schon vor der Meditation festsetzen sollten, vorbei ist. Vermutlich wird nämlich niemand in Ihrer Nähe die Glocke läuten. Stellen Sie sich also einen Timer, eine Küchenuhr oder einen Countdown in Ihrem Handy ein, damit Sie nicht ständig auf die Uhr schauen müssen. Um uns aus dem ganz normalen Wahnsinn unseres Alltags zu lösen, ein oder zwei Gänge herunterzuschalten und in der Stille anzukommen, braucht unser Geist etwas Zeit. Anfangs sollten Sie 15 Minuten für Ihre Meditation einplanen. Wenn es Ihnen möglich ist, verlängern Sie das Sitzen dann auf 20 Minuten. Die Erfahrung zeigt, dass unser Bedürfnis nach einer täglichen Phase der Stille mit der Zeit ganz von selbst wächst, sodass Sie die Sitzmeditation später vielleicht auf 30 Minuten oder länger steigern wollen.

Beim Erlernen neuer Fähigkeiten müssen wir anfangs ein wenig streng mit uns sein. Das gilt auch für die Meditation. Machen Sie es daher nicht von Ihrer Lust und Laune abhängig, ob Sie meditieren oder nicht. Tun Sie es einfach! Es ist nicht so wichtig, ob Ihre Meditation gut oder schlecht ist, ob Sie sich dabei wach oder schläfrig, wohl oder unwohl fühlen – wichtig ist einzig, dass Sie sich hinsetzen. Die Zeit, die Sie sich selbst zum Geschenk machen, ist ungeheuer wertvoll; das werden Sie jedoch erst erfahren, wenn Sie sich diese Zeit der Meditation auch wirklich gönnen.

Die Meditationshaltung

Im Fernen Osten ist die Meditation schon seit Jahrtausenden Teil der Tradition, und klassische Meditationshaltungen, wie der volle oder halbe Lotossitz, fallen vielen Menschen dort relativ leicht. In Europa sieht das jedoch ganz anders aus: Der Lotossitz ist nur Menschen, die besonders flexibel sind, als Meditationsstellung zu empfehlen. Meditation ist keine Akrobatik, und sie dient auch nicht dazu, Schmerzen zu erzeugen.

Die wichtigste Voraussetzung für eine gute Sitzhaltung ist, dass diese stabil, aufrecht und doch angenehm ist. Nur wenn es uns gelingt, aufrecht und zugleich locker zu sitzen, können wir »würdevoll« sitzen und in unserem Körperzentrum ruhen, ohne dass der Atem dabei behindert wird.

Eine gute Sitzhaltung verleiht uns das Gefühl von Kraft, Stabilität und Geborgenheit im Körper. Wir fühlen uns wie ein Baum, der so tief mit der Erde verwurzelt ist, dass er jedem Sturm trotzt. Ein anderes gutes Bild, das dabei helfen kann, die richtige innere und äußere Haltung zu finden, ist der Berg oder der Fels in der Brandung.

Schlank durch Achtsamkeit. Durch inneres Gleichgewicht zum Idealgewicht.

Unabhängig davon, für welche Sitzhaltung Sie sich entscheiden, sind dabei grundsätzlich einige Punkte zu beachten:

- Wählen Sie eine Haltung, in der Sie mindestens 15 Minuten lang sitzen können, ohne sich zu bewegen. Wenn Sie vollkommen unbeweglich sitzen, hilft das auch Ihrem Geist, zur Ruhe zu kommen. Widerstehen Sie der Versuchung, Ihre Haltung ständig zu korrigieren, sich zu kratzen, wenn die Nase juckt oder sich in anderer Weise durch Bewegungen von unangenehmen Empfindungen abzulenken. Ganz gleich, wie oft Sie sich bewegen – die Nase wird wieder jucken, die Knie werden wieder schmerzen. Das ist kein Grund, sich aus der Ruhe bringen zu lassen. Dennoch gibt es natürlich Grenzen: Wenn Schmerzen wirklich quälend werden oder sich eine Wespe auf Ihre Nase setzt, kann es natürlich sehr sinnvoll sein, darauf zu reagieren.

- Lehnen Sie sich möglichst nicht an. Wenn Sie nicht unter starken Beschwerden leiden, hat Ihre Wirbelsäule sicher die Kraft, 15 oder 20 Minuten aufrecht zu bleiben. Vielleicht müssen Sie ein wenig trainieren, doch das lohnt sich. Sie werden entdecken, dass Sie bei Weitem nicht so »anlehnungsbedürftig« sind, wie Sie vielleicht glauben, und dass Sie auch ohne Hilfsmittel alles durchsitzen können, was an Belastungen auf Sie zukommen mag.

- Ziehen Sie die Schultern nicht hoch, sondern achten Sie darauf, dass sie entspannt nach unten und leicht nach hinten gezogen werden, sodass die Brust »weit wird«. Abgesehen von den Schultern sind auch Nacken, Kiefer und Gesicht anfällig für Verspannungen. Lassen Sie alle Anspannungen, die Ihnen beim Sitzen bewusst werden, los. Wenn Sie möchten, können Sie dazu die Ausatmung nutzen. Wenn Sie Belastungen oder Anspannungen »ausatmen«, sollten Sie die Ausatmung dabei jedoch nicht verlängern. Lassen Sie Ihren Atem weiterhin natürlich kommen und gehen.

- Halten Sie Ihren Kopf im Gleichgewicht – er sollte weder seitlich noch nach vorne oder hinten geneigt werden. Nabel und Nasenspitze liegen auf einer senkrechten Linie und der Nacken wird sanft gedehnt, indem Sie das Kinn ganz leicht anziehen.

- Für die Hände gibt es verschiedene Positionen: Sie können die Handflächen oder auch die Handrücken auf die Oberschenkel oder Knie legen. Wenn Sie möchten, können Daumen und Zeigefinger dabei jeweils einen Ring bilden. Zudem gibt es die klassische Zen-Haltung, bei der beide Hände im Schoß eine Schale bilden und die Daumenkuppen sich sanft berühren. Für die Handhaltung gilt jedoch ebenso wie für die Körperhaltung – Hauptsache es fühlt sich gut für Sie an und die Hände sind entspannt.

- Die Basis ist beim Sitzen besonders wichtig. Das heißt, dass Sie einen guten Kontakt zur Sitzunterlage haben sollten, ganz gleich, ob Sie auf einem Stuhl oder Kissen sitzen. Versuchen Sie, Ihre Sitzbeinhöcker zu spüren. Oft ist es hilfreich, sich in die Sitzhaltung einzupendeln – dazu bewegen Sie das Becken einige Male langsam und fließend abwechselnd nach vorne und hinten. Wenn Sie Ihren »Mittelpunkt« erreicht haben, ist die Wirbelsäule aufrecht, ohne dass Sie im Hohlkreuz sitzen. Wahrscheinlich müssen Sie ein wenig experimentieren, bis Sie Ihre optimale Sitzhaltung gefunden haben, doch wenn Sie sie einmal gefunden haben, werden Sie das deutlich spüren.

Sitzen auf dem Stuhl

Wenn Sie in den Knien und Hüften sehr unbeweglich sind oder hier Beschwerden haben, ist das Sitzen auf dem Stuhl vermutlich die beste Meditationsstellung für Sie. Wichtig ist dabei jedoch, dass der Stuhl eine flache, ebene Sitzfläche hat und dass er hoch genug ist, denn nur wenn Ihr Becken höher liegt als Ihre Knie, können Sie stabil sitzen.

Sitzen Sie auf der vorderen Hälfte des Stuhls, ohne sich anzulehnen. Ober- und Unterschenkel bilden einen 90°-Winkel, und die Füße sollten mit der ganzen Fußsohle einen guten Kontakt zum Boden haben. Die Hände liegen entspannt auf den Oberschenkeln.

Der Fersensitz

Der Fersensitz eignet sich gut für Menschen, die zwar gerne auf dem Boden sitzen wollen, jedoch nicht gelenkig genug sind, um schmerzfrei im vollen oder halben Lotossitz zu sitzen. Damit die Belastung für die Knie im Fersensitz nicht zu groß wird, empfiehlt es sich, ein Meditationsbänkchen zu benutzen.

Knien Sie sich auf den Boden und setzen Sie sich auf Ihre Fersen oder besser auf eine Meditationsbank. Probieren Sie aus, ob Sie sich mit geschlossenen oder geöffneten Knien wohler fühlen. Die großen Zehen berühren sich. Falls Sie ohne Bänkchen üben, sollten Sie ein kleines Kissen zwischen Gesäß und Unterschenkel legen, um die Kniegelenke zu entlasten. Bilden Sie mit Ihren Händen eine Schale und legen Sie sie im Schoß ab oder legen Sie die Handflächen auf die Oberschenkel.

Der halbe Lotossitz

Im Gegensatz zum vollen Lotossitz, der für die meisten Menschen zu anspruchsvoll ist, ist der halbe Lotossitz leichter einzunehmen und ebenfalls sehr stabil. Doch auch diese Sitzweise sollten Sie nur wählen, wenn Sie keine Knieprobleme haben und in den Hüften und Beinen flexibel genug sind. Spüren Sie selbst, was sich gut für Sie anfühlt, und zwängen Sie sich keinesfalls in die Haltung hinein.

Um den halben Lotossitz einzunehmen, setzen Sie sich auf die vordere Hälfte eines Meditationskissens. Winkeln Sie das rechte Bein dann an und ziehen Sie den rechten Fuß möglichst nah an den Körper beziehungsweise das Kissen heran. Winkeln Sie dann auch das linke Bein an und legen Sie Ihren linken Fußrücken möglichst hoch auf den rechten Oberschenkel. Achten Sie jedoch unbedingt auf Ihre Dehngrenze.

Sie können eine sanftere Variante dieser Sitzweise einnehmen, indem Sie den linken Fußrücken nicht auf Ihren rechten Oberschenkel, sondern zwischen rechten Ober- und Unterschenkel klemmen oder das linke angewinkelte Bein nahe vor dem rechten auf dem Boden ablegen. Natürlich können Sie die Beinstellung auch umkehren, falls Ihnen das leichter fällt. Legen Sie die Hände entspannt auf die Oberschenkel oder in den Schoß.

Die Gedanken achtsam wahrnehmen

Wenn Sie sich zur Meditation hinsetzen, auf eine gute Haltung achten und Ihrem Atem folgen, werden Sie schnell bemerken, dass es gar nicht so einfach ist,»still zu werden«. Immer wieder tauchen Gedanken auf, die scheinbar nichts mit der Meditation zu tun haben und häufig als Hindernis auf dem Weg nach innen angesehen werden. Dabei ist es gar nicht nötig, sich über die eigenen Gedanken zu ärgern oder sie abstellen zu wollen. Im Gegenteil: Ebenso wie Körperempfindungen, Geräusche oder die Atembewegung können Sie auch Ihre Gedanken zum Objekt Ihrer Meditation machen.

Zunächst sollten Sie sich klarmachen, dass Gedanken einfach nur Gedanken sind. Denken ist eine normale Funktion des menschlichen Geistes. Denken ist kein Problem. Das Problem entsteht erst, wenn Sie auf den Zug Ihres Denkens aufspringen und sich in die Geschichten, die Ihr Geist Ihnen erzählt, verstricken lassen. Dann kann es leicht passieren, dass Sie am Ende der Meditation bemerken, dass Sie die letzten 15 oder 20 Minuten mit Tagträumen verbracht haben.

Das Gegenmittel ist einfach: Beobachten Sie die Bewegungen Ihres Geistes achtsam und machen Sie sich bewusst, dass Sie zwar Gedanken *haben*, aber nicht Ihre Gedanken *sind* (das Gleiche trifft übrigens auf Gefühle zu). Mit anderen Worten: Beobachten Sie einfach alle Gedanken, die auftauchen. Versuchen Sie wahrzunehmen, wie die Gedanken kommen und gehen – so wie der Atem kommt und geht oder wie Wolken am Himmel vorüberziehen.

Eine andere hilfreiche Methode, um sich nicht von seinem Denken einfangen zu lassen, besteht darin, die Gedanken zu etikettieren. Gedanken haben einen Inhalt, eine »Anatomie« – und die können Sie identifizieren und benennen. Eine einfache Art, die Gedanken zu etikettieren, besteht darin, sie in »Zukunft« und »Vergangenheit« einzuteilen. Eine andere, ebenfalls grobe Einteilung, besteht darin, dass Sie alle Gedanken, die auftauchen, daraufhin überprüfen, ob Sie »angenehm«, »unangenehm« oder »neutral« sind.

Durch das Etikettieren fällt es Ihnen einerseits leichter, achtsam beim Prozess des Denkens zu bleiben, ohne abzuschweifen; andererseits erkennen Sie auf diese Weise immer besser, wie Ihr Geist gestrickt ist. Außerdem bekommen Sie einen klareren Blick für den Zusammenhang zwischen Denken und Fühlen, nämlich beispielsweise dafür, dass unangenehmen Gefühlen fast immer unangenehme Gedanken vorausgehen.

Unser Denken ist sehr bunt und vielfältig. Entsprechend kann es sinnvoll sein, mehr als nur zwei oder drei Etiketten zu verwenden. Im Folgenden finden Sie einige häufige Kategorien, in denen sich unser Denken bewegt. Ordnen Sie Ihre Gedanken bei der Meditation jedoch nur dann in eine dieser Kategorien ein, wenn Ihnen das leichtfällt. Gehen Sie nicht auf Jagd nach dem richtigen Etikett, sondern denken Sie beispielsweise spontan »Erinnerung«, wenn Ihr Gedanke eindeutig eine Erinnerung an gestern oder letztes Jahr beinhaltet.

Typische Gedankenkategorien

- Dialoge, eingebildete Gespräche oder Selbstgespräche
- Projekte, Ziele, Zukunftspläne
- Erinnerungen
- Fantasien, Tagträume, Geschichten
- Sorgen, Grübelei
- Bilder, Szenen
- Melodien, Musik

Gedanken rund ums Aussehen

Falls Sie unter Gewichtsproblemen leiden, die Sie vor allem seelisch belasten, gibt es eine besonders interessante Kategorie. Nicht nur Übergewichtige werden entdecken, dass viele Gedanken, die während der Meditation auftauchen, mit dem eigenen Selbstbild, mit »Aussehen«, »Schönheit« oder »Selbstbewusstsein« zusammenhängen.

Fast immer sind es negative Selbstberurteilungen, die das Denken dabei prägen. Natürlich sind diese Denkmuster auch im Alltag aktiv, doch in der Meditation werden sie uns oft erstmals in ihrer ganzen Tragweite bewusst. Dabei entdecken wir, dass die Art, wie wir über uns selbst denken, bestimmt, wie wir uns fühlen.

Glücklicherweise entdecken wir mit zunehmender Meditationserfahrung aber noch etwas: Unsere Gedanken sind flüchtig. Sie kommen und gehen. Und nur dann, wenn wir sie regelmäßig nähren, können sie einen Schatten auf unser Leben werfen. Doch gerade das können wir durch Meditation verhindern.

Indem wir in die Stille gehen, hören wir auf, negative Gedanken zu nähren. Wir machen eine Art Fastenkur für den Geist. Und wie Sie bald erfahren werden, wirkt sich die innere Leichtigkeit, die dadurch entsteht, auch erleichternd auf das Körpergewicht aus.

5. Die Achtsamkeitsexperimente – zwölf Alltagsübungen für zwischendurch

Die Lösung für große Probleme liegt oft in kleinen, unscheinbaren Handlungen. Vor allem dann, wenn diese überraschende Erkenntnisse bergen und neue Perspektiven ermöglichen. Die folgenden kleinen Achtsamkeitsübungen für zwischendurch laden Sie dazu ein, auf verschiedene Weise mit dem Thema Ernährung zu experimentieren und Neues auszuprobieren. Sie dienen als ergänzende, fünfte Säule zu den vier formellen Achtsamkeitsübungen – dem achtsamen Essen, dem Bodyscan, dem Achtsamkeitstagebuch und der Meditation. Zugleich können uns diese einfachen Experimente bewusst machen, dass Achtsamkeit auch jenseits der klassischen Übungen, ja genau genommen sogar jederzeit und überall möglich ist.

Die Alltagsübungen erweitern Ihren Werkzeugkasten und somit das Spektrum Ihrer Möglichkeiten. Die Übungen

- schärfen Ihre Achtsamkeit für das, was Sie essen und wie Sie es essen,

- helfen Ihnen, Fressfallen erfolgreich zu umgehen,

- durchbrechen schädliche Ernährungsmuster, die oft krank und übergewichtig machen,

- zeigen, wie vielfältig die Einsatzmöglichkeiten der Achtsamkeit im Alltag sind.

In erster Linie dienen die Experimente dazu, neue Erfahrungen zu sammeln. Gehen Sie kreativ und locker mit ihnen um. Es gibt dabei keine Regeln und kein »dreimal täglich«. Wann, wo und wie oft Sie sie einsetzen wollen, bleibt ganz Ihnen überlassen. Es kann durchaus sein, dass die eine oder andere Achtsamkeitsübung Sie im Moment nicht anspricht – dann probieren Sie sie eben zu einem späteren Zeitpunkt aus; allerdings sind gerade Übungen, die wir »nicht mögen« oft besonders hilfreich.

Wie bei anderen achtsamkeitsbasierten Übungen gilt natürlich auch für die Alltagsübungen, dass Sie umso mehr Erfahrungen sammeln werden, je öfter Sie üben. Mit jeder neuen Erfahrung lernen Sie sich selbst und Ihre Verhaltensmuster besser kennen. Und jede neue Erfahrung macht es Ihnen leichter, in Zukunft weisere Entscheidungen zu treffen, die nicht nur Ihrer Seele, sondern auch Ihrem Körper guttun werden.

Was esse ich?

Diese Übung besteht darin, dass Sie sich innerlich immer wieder einmal die Frage stellen, was Sie eigentlich gerade essen. Auf den ersten Blick ist die Antwort natürlich einfach: Jedes Kind weiß schließlich, ob es gerade Pommes frites oder eine Gurke isst. Doch die Frage geht tiefer: Es geht darum, sich mental mit der Art von Nahrung auseinanderzusetzen, die Sie in diesem Moment zu sich nehmen. Stellen Sie sich dazu einige einfache Fragen:

- Esse ich tierische oder pflanzliche Nahrung?
- Von welchem Tier stammen die tierischen Produkte, von welchen Pflanzen die pflanzlichen?
- Ist meine Mahlzeit süß, salzig oder sauer? Ist sie warm oder kalt?
- Esse ich gerade natürliche oder stark bearbeitete Nahrung? Enthält mein Essen wohl Farb- und Konservierungsstoffe oder Geschmacksverstärker?
- Enthält die Nahrung eher viele oder eher wenig Kalorien?

Beim Einkaufen können Sie auch einmal die Auflistung der Zutaten auf der Packung durchlesen, um mehr Informationen darüber zu gewinnen, was Sie eigentlich genau essen. Doch Vorsicht: Es geht nicht darum, zum Ernährungswissenschaftler zu werden und auch nicht darum, zu beurteilen, ob das, was Sie essen »gut« oder »schlecht« ist.

Die Übung »Was esse ich?« lädt Sie ein, sich mental mit der Art und Zusammensetzung Ihrer Nahrung zu beschäftigen. Dabei sollten Sie jedoch nur einfache Fragen stellen, die Sie mit Ihrem jetzigen Wissen ohne Weiteres beantworten können. Steigen Sie nicht in die endlosen Debatten um Fette, Kohlenhydrate, Eiweiß und Vitamine oder um »richtig« oder »falsch« ein. Denken Sie daran: Es geht nicht um die Richtigkeit oder den Unsinn verschiedener Ernährungsphilosophien, sondern einzig um Ihre persönliche Achtsamkeit. Bleiben Sie also locker.

Wenn Ihre Antwort auf die obige Frage beispielsweise lautet: »Ich esse eine Tiefkühlpizza, die vermutlich Aroma- und Konservierungsstoffe enthält«, dann essen Sie eben gerade eine Tiefkühlpizza, die vermutlich Aroma- und Konservierungsstoffe enthält – fertig. Wichtig ist nur, dass

Sie das, was Sie tun, einfach auch mal deutlich formulieren. Es gibt jedoch keinen Grund, Ihr Verhalten zu bewerten, zu verurteilen oder Ihr Essen in Kategorien wie »gesund« oder »ungesund« einzuordnen.

Die Notbremse ziehen – Variante I

Wir kennen das sicher alle: Beim Essen gehen oft die Pferde mit uns durch. Wir sind dann so sehr in der Tätigkeit des Essens gefangen, dass wir gar nicht mehr darüber nachdenken, ob wir überhaupt noch Hunger haben, sondern einfach weiteressen. Doch wenn Essen zum Rausch wird, kann das später unangenehme Folgen auf der Waage haben, wie jeder Binge-Eater bestätigen wird.

Die Lösung ist scheinbar einfach. Unterbrechen Sie das Essen. Machen Sie eine kurze Pause. Sicher haben Sie schon bemerkt, dass Ihr Appetit schnell verfliegt, wenn Sie erst einmal mit dem Essen aufhören. Zum Beispiel hätten Sie vielleicht gerne noch ein Dessert gegessen, doch es gab keins, und schon 15 Minuten später haben Sie dann bemerkt, dass Sie eigentlich ohnehin satt sind. Das hängt einfach damit zusammen, dass es eine gewisse Zeit dauert, bis das Signal »satt« Ihr Hungerzentrum im Gehirn erreicht. Im Nachhinein sind Sie dann wahrscheinlich froh darüber, dass Sie (wenn auch unfreiwillig) auf den Nachtisch verzichtet haben.

Leider ist es jedoch nicht ganz so einfach wie es scheint, den »Rausch« zu unterbrechen. Achtsam zu sein, ist vor allem deshalb schwierig, weil es schwierig ist, mitten im Tun innezuhalten. Und doch benötigen wir diese Phase des Anhaltens, um uns zu besinnen und den Kopf wieder klar zu kriegen. Daher müssen wir es irgendwie schaffen, die Notbremse zu ziehen und den fahrenden Zug zum Stehen zu bringen. Eine einfache Möglichkeit dazu besteht darin, die Zeit zu stoppen. Im Sport gibt es festgeschriebene Pausen – beispielsweise die Halbzeit beim Fußball, die Pausen zwischen den Boxrunden oder die kurzen Unterbrechungen zwischen den Tennissätzen. Vielleicht erscheint die Vorstellung, die Zeit beim Essen zu stoppen, ja erst einmal sehr mechanisch. Trotzdem wird Achtsamkeit oft dadurch unterstützt, dass man sich an ein festes Schema hält. In Klöstern wird jede Meditationssitzung beispielsweise durch den Klang der Glocke eingeleitet und nach einer klar definierten Zeitspanne ebenso wieder beendet. Und auch die Beobachtung des Ein- und Ausatmens oder das Zählen der Atemzüge, das in einigen Meditationsformen eine große Rolle spielt, laufen nach einem immer gleichen Schema ab.

Besorgen Sie sich eine billige Stoppuhr oder benutzen Sie die Stoppfunktion Ihres Handys oder Ihrer Armbanduhr. Benutzen Sie dann folgendes Schema:

Essen Sie zwei Minuten lang wie gewöhnlich. Anschließend unterbrechen Sie das Essen für eine Minute. Fahren Sie auf diese Weise fort, und wiederholen Sie das, bis Sie Ihre Mahlzeit beendet haben.

Nutzen Sie die Pausen, um durchzuatmen, sich zu entspannen, und horchen Sie in Ihren Körper hinein, ob Sie noch hungrig sind.

Natürlich wird Ihnen diese Übung am besten gelingen, wenn Sie allein sind, denn wenn Sie mit Bekannten oder Kollegen essen, werden die sich sicher wundern, was Sie mit der Stoppuhr machen. Auch empfiehlt sich die Übung eher bei kalten Speisen, da Ihr Essen durch die Pausen sonst zu schnell abkühlt.

Eine wichtige Voraussetzung für diese Methode ist außerdem, dass Sie etwas Zeit haben. Wenn Sie in Eile sind, werden Sie kaum die Geduld haben, Essenspausen einzulegen. Wenn Sie in Eile sind, wird es überhaupt schwierig, bewusst und achtsam zu essen oder zu sein. Doch wer weiß – vielleicht können Sie den Stoppuhrtrick ja auch hier anwenden: Nach zwei Minuten hektischen Treibens schalten Sie innerlich eine Minute lang auf »Stopp«, um zur Ruhe zu kommen, sich zu entspannen und genau zu beobachten, was eigentlich gerade mit Ihnen passiert …

Die Notbremse ziehen – Variante II

Um sich aus dem Mechanismus unbewussten Essens zu befreien, brauchen Sie keine Stoppuhr – das ist die gute Nachricht. Die schlechte ist, dass Sie dafür dann jedoch schon im Vorfeld wacher und bewusster sein müssen. Sonst werden Sie sich nämlich gar nicht erst dabei ertappen, wenn Sie wie ferngesteuert eine Gabel nach der anderen aufhäufen und Ihr Essen eher schaufeln als genießen. Sobald Sie das aber erst bemerken, können Sie sofort innerlich »Stopp« sagen:

- Legen Sie das Besteck kurz auf den Teller. Richten Sie Ihre Aufmerksamkeit vom Essen weg.

Die fünf Säulen der Achtsamkeit

- Spüren Sie Ihren Körper, machen Sie sich bewusst, wie Sie sitzen, spüren Sie Ihre Schultern und die Sitzunterlage.
- Richten Sie die Achtsamkeit auf Ihre Atmung. Atmen Sie einige Male tief durch. Atmen Sie dann normal weiter und beobachten Sie dabei, wie sich Ihre Bauchdecke beim Einatmen hebt und beim Ausatmen senkt.
- Lenken Sie die Achtsamkeit dann nach außen – auf den Raum, in dem Sie sitzen, auf die Einrichtung und die Leute, die Sie sehen.
- Wenn es Ihnen möglich ist, sollten Sie kurz aufstehen. Zu Hause können Sie ein paar Mal durch das Zimmer gehen, im Lokal können Sie kurz zur Toilette gehen und sich die Hände waschen.

Was Sie während der Unterbrechung genau machen, ist eigentlich nicht so wichtig. Wichtig ist nur, dass Sie kurz etwas anderes tun, als zu essen. Die Übung dient dazu, aus dem Film auszusteigen und es sich einmal bewusst auf dem Zuschauerplatz bequem zu machen.

Es gibt viele Situationen, in denen die einzige Rettung darin bestehen kann, die Notbremse zu ziehen. Beispielsweise wenn Sie es am Buffet plötzlich mit einem riesigen Angebot an verführerischen Leckereien zu tun haben. Oder wenn Sie merken, dass Sie viel zu schnell essen, obwohl Sie gar nicht in Eile sind. Oder auch dann, wenn Sie gerade unter seelischen Belastungen leiden und Ihre negativen Gefühle einen Fressanfall verursacht haben.

Oft genügen dann wenige Augenblicke der »Einkehr«, um den Zauber oder besser gesagt die Trance zu brechen und wieder zum achtsamen Essen zurückzukehren.

Schmeckt es mir eigentlich?

Eine einfache Frage, die Sie sich beim Essen gelegentlich stellen und dann möglichst ausführlich beantworten sollten, lautet:

»Schmeckt mir das, was ich gerade esse, überhaupt? Wo würde ich den Geschmack auf einer Skala von 0 (»schmeckt scheußlich«) bis 10 (»schmeckt fantastisch«) einordnen? Wie fühlt es sich an, wenn mir mein Essen schmeckt und wie, wenn es nur mäßig schmeckt? Spüre ich den Geschmack einer Mahl-

zeit nur im Mund und an der Zunge oder beeinflusst er auch den Körper oder die Gefühle?«

Durch achtsames Essen entwickeln Sie Ihren Geschmacksinn. Und Geschmack ist wichtig im Leben. Nicht alles, was wir essen, muss fantastisch schmecken, aber wir sollten zumindest registrieren, dass jede Nahrung einen sehr eigenen Geschmack hat und darauf achten, was dieser Geschmack mit uns macht. Durch die einfache Frage können wir unser Bewusstsein immer wieder einmal auf einen Sinn lenken, der im Alltag oft zu kurz kommt.

Die Verbundenheit und Fülle erkennen

Sie essen einen Apfel. Das klingt banal, ist es aber nicht, denn der Apfel hat eine Geschichte. Die Geschichte endet damit, dass Sie in den Apfel hineinbeißen, aber sie hat auch einen Anfang. Vielleicht geht die Geschichte so:

Vor sehr langer Zeit hat ein alter Bauer mit viel Mühe ein Apfelbäumchen gepflanzt. Wer weiß, wie viele Generationen das schon her ist. Die Erde, der Wind, die Sonne, der Regen – sie alle haben dafür gesorgt, dass der Baum gut wachsen konnte. Aber es gab auch Menschen, die den Baum viele Jahre – vielleicht sogar ihr Leben lang gepflegt haben. Ebenso gibt es Menschen, die die Äpfel dieses Jahr geerntet und eingesammelt haben – vielleicht eine junge Frau, die ihrem Mann hilft, einen Hof in den Alpen zu bewirtschaften ... wer weiß. Und wie in all den Jahren davor, musste jemand die Äpfel auch dieses Jahr mit einem Lastwagen oder Hänger in eine Lagerhalle transportieren. Über den Händler ist Ihr Apfel dann in den Supermarkt oder Gemüseladen gelangt – und es ist gut möglich, dass der Apfel dabei eine weite Strecke zurückgelegt hat. Ein Student, der im Supermarkt jobbt, hat die Apfelkisten schließlich in die Regale eingeordnet, eine Kassiererin den Preis eingescannt – Sie haben den Apfel in Ihrem Einkaufskorb nach Hause gefahren und jetzt essen Sie ihn.

Dies ist nur ein Beispiel dafür, wie sehr wir durch eine so einfache Tätigkeit wie Essen im Grunde mit allem verbunden sind. Unsere Nahrung verbindet uns mit dem, was vor langer Zeit geschah. Sie verbindet uns mit dem, was in unserer Region und auch auf dem Globus geschieht. Und der Apfel ist dabei noch eine harmlose Variante. Wenn Sie eine Banane oder

Ananas essen, ist die Geschichte noch viel länger und die Wege viel weiter. Und wenn Sie Spaghetti bolognese essen, hat die Geschichte noch viel mehr Kapitel – und zwar umso mehr, je mehr Zutaten Ihre Mahlzeit enthält.

Achtsam zu essen, muss nicht immer heißen, langsam und bewusst zu essen und genau zu schmecken; es kann auch bedeuten, dass wir anhand unserer Nahrung Kontakt zu der ungeheuren Fülle und Vielfältigkeit aufnehmen, die uns umgibt oder dass wir uns unserer Verbundenheit mit allem Leben bewusster werden.

Die Salami auf unserer Pizza, die Oliven im Salat, der Ziegenkäse auf dem Brot, der italienische Rotwein, ja sogar das Mineralwasser – sie alle können unsere Achtsamkeit wecken, denn kein Nahrungsmittel wächst im Supermarkt. Der Supermarkt ist nur die Endstation. Denken Sie an all die Hände, durch die Ihre Nahrung gewandert ist, bis sie schließlich auf Ihrem Teller landen konnte.

Achtsamkeit zeigt uns, dass das, was wir für selbstverständlich halten, im Grunde oft einem Wunder gleicht. Wären wir uns wirklich darüber im Klaren, wie viel Arbeit und Mühe in all den Tätigkeiten steckt, die nötig sind, damit wir uns ein Glas Milch einschenken können, würden wir sicher behutsamer und respektvoller mit unserer Nahrung umgehen. Vielleicht würden wir auch darüber nachdenken, ob die Produkte, die wir essen, fair gehandelt wurden – ob die Bauern angemessen bezahlt wurden und auch der Boden, auf dem unsere Nahrung gewachsen ist, vernünftig behandelt wurde.

Achtsames Essen bewirkt oft, dass wir wählerischer werden und uns genauer überlegen, woher die Speisen stammen, die wir essen. Dies muss nicht dazu führen, dass wir Verfechter des biologisch-dynamischen Landbaus oder der regionalen Landwirtschaft werden – zumindest aber wird es dazu führen, dass uns der Unterschied zwischen Qualität und Quantität immer bewusster wird.

Wenn wir auf XXL-Portionen aus dem Fast-Food-Restaurant problemlos verzichten können und stattdessen zu Feinschmeckern werden, ist auch das ein Weg, sich schnell gesünder und leichter fühlen.

Schlank durch Achtsamkeit. Durch inneres Gleichgewicht zum Idealgewicht.

Achtsam trinken

In Diätratgebern liest man oft den Tipp, vor dem Essen ein großes Glas Wasser zu trinken. Tatsächlich ist diese einfache Methode durchaus wirkungsvoll, da das Trinken Hungergefühle bekämpft.

Doch es gibt noch eine andere Möglichkeit, das Trinken für Abnehmeffekte zu nutzen: Beziehen Sie auch Ihre Getränke in Ihr Achtsamkeitsprogramm mit ein. Achtsames Trinken folgt den gleichen Prinzipien wie achtsames Essen. Es geht nicht darum, möglichst viel zu trinken. Die Empfehlungen, täglich drei Liter Wasser zu trinken, halten modernen wissenschaftlichen Erkenntnissen nicht stand. Wenn Sie nicht gerade Hochleistungssportler sind oder unter Nierensteinen leiden, genügt es also vollkommen, wenn Sie einfach auf Ihr Durstgefühl hören.

Trinken kann übrigens ebenso zu Gewichtsproblemen beitragen wie Essen. Die meisten Erfrischungsgetränke und Fruchtsäfte enthalten nämlich jede Menge Kalorien. Dasselbe gilt auch für alkoholische Getränke. Die einzigen Getränke, die (zumindest aus diätetischer Sicht) unbedenklich sind, sind Wasser und ungesüßte Tees oder Kaffee.

Beim achtsamen Trinken geht es indes gar nicht darum, möglichst wenig Kalorien aufzunehmen oder nur noch Wasser und Tee zu trinken. Viel wichtiger ist, dass Sie beim Trinken ebenso wach und bewusst bleiben, wie beim Essen.

Im Alten Indien empfahlen Yogameister Ihren Schülern, Ihr Essen zu »trinken« und Ihre Getränke zu »essen«, um gesund und vital zu bleiben. Was bedeutet das? Beim Essen bedeutet es, dass wir unsere Nahrung so lange und gründlich kauen sollten, bis der Speisebrei im Mund eher flüssig als fest erscheint, bevor wir ihn hinunterschlucken. Und für Getränke heißt es, dass wir diese möglichst lange im Mund behalten und dabei quasi kauen sollten, bevor wir sie trinken.

Ganz so genau müssen wir es mit den Ratschlägen der alten Yogis natürlich nicht nehmen. Beim achtsamen Trinken geht es vor allem darum, dass wir unsere Getränke bewusst schmecken, statt sie einfach nur automatisch »hinunterzuspülen«.

Ein gutes Beispiel für achtsames Trinken ist die Degustation beziehungsweise Verkostung von Wein. Professionelle Degusteure können anhand

146

des Geschmacks oft erstaunlich genau Rebsorte, Anbaugebiet und Jahrgang bestimmen. Sie achten dabei auf das Aussehen des Weins – etwa den Farbton und die Farbtiefe –, auf den Geruchseindruck und natürlich vor allem auf den Geschmack. Beim typischen »Rollen« wird ein Schluck Wein im Mund herumgespült und durch Bewegungen mit den Wangen mit Sauerstoff angereichert, um auch die subtilen Geschmacksnoten zu erforschen.

Achtsames Trinken ist einfach: Schauen Sie Ihr Getränk zunächst genau an – achten Sie auf den Farbton, die Klarheit der Farbe und darauf, ob das Getränk eher dünn- oder dickflüssig ist. Schnuppern Sie dann daran und nehmen Sie das Aroma über die Nase wahr, bevor Sie die Flüssigkeit mit den Lippen in Berührung bringen. Nehmen Sie dann nur einen kleinen Schluck und versuchen Sie, möglichst genau zu erforschen, wie Ihr Getränk schmeckt und wie es sich im Mund anfühlt. Ebenso wie ein Weinprüfer können Sie den Schluck dazu einige Male im Mund herumspülen.

Achtsames Trinken ist natürlich nicht auf Wein beschränkt, sondern kann bei jedem Getränk angewendet werden, ganz gleich, ob es sich um Orangensaft, Buttermilch, Kräutertee oder Cappuccino handelt. Und sogar bei Mineralwasser oder Leitungswasser können Sie durchaus Unterschiede herausschmecken, wenn Sie es achtsam und bewusst trinken, denn je nach Sorte oder Quelle kann Wasser sehr unterschiedlich schmecken.

Die nährende Atmung

Ohne Atem gibt es kein Leben. Während wir einige Wochen ohne feste Nahrung auskommen können, würden wir nicht einmal wenige Minuten ohne Sauerstoff überleben. Ebenso wie Essen ist auch Atmen eine Form der Nahrungsaufnahme und zudem unsere wichtigste Energiequelle.

Die Atmung versorgt uns zwar nicht mit Kalorien, dafür aber mit Sauerstoff, der als Brennstoff für alle Vorgänge in unserem Organismus benötigt wird. Wer tief und natürlich atmet, versorgt sich gut mit Sauerstoff; atmen wir hingegen flach und kurz, werden wir schnell müde und erschöpft.

Normalerweise wird die Atmung im Achtsamkeitstraining nicht beeinflusst, sondern nur beobachtet: So, wie der Atem gerade ist, ist er in Ordnung. Je nachdem ob wir entspannt, erregt, ängstlich, müde oder erschöpft sind, verändert sich der Atem ganz von selbst; ein wichtiges Ziel von Achtsamkeitsübungen besteht darin, diese Veränderungen einfach nur zu bemerken. Zumindest gilt das für Übungen wie den Bodyscan oder die Achtsamkeitsmeditation.

Die folgende Übung, die aus dem Yoga stammt, bildet jedoch eine Ausnahme, da die Geschwindigkeit und Tiefe des Atems hier bewusst gesteuert wird. Das heißt allerdings nicht, dass die Übung nicht trotzdem achtsam ausgeführt werden kann, denn natürlich können Sie immer achtsam sein – ganz gleich, ob Sie meditieren, joggen oder eine Yoga-Atemübung durchführen.

Im Yoga spielt die Atmung eine besonders große Rolle und gilt seit jeher als Schlüssel zu mehr Vitalität, Lebensenergie und innerer Klarheit. Durch bestimmte Atemtechniken, die im Yoga als »Pranayama« bezeichnet werden, können wir gezielt Lebensenergie im Körper speichern. Auch die folgende Übung ist eine Pranayama-Technik, und zwar eine vereinfachte Form von »Kapalabhati«, einer Übung, die bei uns auch als »Feueratmung« bekannt ist. Kapalabhati wirkt reinigend auf Körper und Seele und hilft, schnell neue Energie aufzunehmen. Vor allem aber dämpft die Übung das Hungergefühl und kann gut eingesetzt werden, um Heißhungerattacken zu begegnen.

Wenn möglich, sollten Sie die Übung anfangs im Sitzen durchführen – später können Sie auch im Stehen üben. Halten Sie den Rücken aufrecht, entspannen Sie die Schultern und das Gesicht, und atmen Sie zunächst dreimal tief ein und aus. Bei der ganzen Übung sollten Sie ausschließlich durch die Nase atmen.

Jetzt beginnt die eigentliche Übung: Atmen Sie mit einem starken, kurzen Luftstoß durch die Nase aus und ziehen Sie dabei den Bauch ruckartig ein (als würden Sie husten). Entspannen Sie die Bauchdecke dann sofort wieder und lassen Sie den Atem von selbst entspannt einströmen. Kümmern Sie sich also nicht um das Einatmen – das geschieht von selbst. Achten Sie nur darauf, kurz und kräftig auszuatmen.

Wiederholen Sie das kurze Ausstoßen des Atems und das entspannte Einströmenlassen zehnmal in Folge. Pausieren Sie dann, indem Sie wieder dreimal normal und entspannt durchatmen. Abschließend wiederholen Sie die Kapalabhati-Technik noch ein weiteres Mal, indem Sie wieder zehnmal kurz und energisch ausatmen und entspannt einatmen.

Die Übung verändert die Hirnstrommuster und sättigt das Blut mit Sauer-stoff – der Kohlendioxydgehalt nimmt dabei ab. Beobachten Sie sich nach den zwei Runden Kapalabhati genau: Hat sich etwas verändert? Fühlen Sie sich immer noch hungrig oder können Sie spüren, dass Sie sich auch genährt fühlen, ohne etwas essen zu müssen? Haben sich Ihre Gedanken oder Gefühle verändert? Beobachten Sie alles, was Ihnen auffällt.

Der Anstandsrest

Es gab Zeiten, da es die höfische Etikette bei uns verlangte, beim Essen einen kleinen Anstandsrest auf dem Teller zu lassen. In einigen asiatischen Ländern gehört dies auch heute noch zur guten Sitte, da jeder höfliche Gastgeber sich genötigt sieht, einen ratzeputz leer gegessenen Teller schnell wieder aufzufüllen, was spätestens beim dritten Mal für Verstimmungen sorgt.

Zum Glück empfiehlt der aktuelle Knigge es nicht mehr, einen Rest auf dem Teller zu lassen. Andererseits gibt es jedoch auch keinen Zwang, seinen Teller leer zu essen. Dennoch fällt es vielen Menschen – und gerade solchen mit Gewichtsproblemen – sehr schwer, nicht alles aufzuessen.

Brave Esser – dicke Esser

Psychologische Studien haben gezeigt, dass viele von uns kaum noch dazu in der Lage sind, auf ihre Körper- und Sättigungssignale zu achten. In einem groß angelegten Versuch beendeten nur rund 20 Prozent der Teilnehmer ihre Mahlzeit, weil sie satt waren – alle anderen aßen brav ihren Teller leer. Das ist eigentlich kein Wunder, denn noch immer erziehen viele Eltern ihre Kinder dazu, erst »brav« aufzuessen, bevor sie den Tisch verlassen dürfen. Gleichzeitig werden die Portionen in unseren Gaststätten und Fast-Food-Restaurants jedoch immer größer, sodass brave Esser ihr natürliches Sättigungsgefühl immer stärker unterdrücken müssen, damit auch ja kein Rest auf dem Teller liegen bleibt. Die Folge ist, dass das Übergewicht immer weiter steigt.

In einer Zeit, in der Hungersnöte Millionen von Menschen bedrohen, scheint es unverantwortlich zu sein, Essen wegzuwerfen. Doch leider lässt sich die ungerechte Verteilung der Güter auf unserer Erde nicht dadurch ändern, dass Sie Ihren Teller leer essen und Gewichtsprobleme bekommen. Die Zusammenhänge sind viel zu komplex: Sie haben sehr viel mehr mit dem Klima, der Bevölkerungsdichte, politischen Entscheidungen und der Gewinnoptimierung der Lebensmittelindustrie zu tun als mit Ihrem persönlichen Essverhalten.

Umgekehrt wird jedoch eher ein Schuh daraus: Würden sehr viele Menschen durch einen kleinen Anstandsrest signalisieren, dass Sie gar nicht so viel essen wollen, dann würden die Portionen mit der Zeit wieder kleiner werden. Sinkt die Nachfrage, so sinkt auch die Produktion und so stünde mehr Nahrung für Notleidende zur Verfügung. Wenn Sie durch Ihr Verhalten ein Zeichen setzen wollen, sollten Sie spenden, Nahrungsmittel mit hohem Energiebedarf wie beispielsweise Fleisch meiden, die Produkte bestimmter Konzerne boykottieren und – weniger essen! Indem Sie Ihren Teller leer essen, verändern Sie jedoch leider gar nichts, außer Ihrem Körpergewicht.

Nehmen Sie sich vor, die nächsten 14 Tage lang einmal kein »braver Esser« zu sein. Bevor Sie sich übersättigt fühlen, viel zu viele Kalorien aufnehmen oder Verdauungsbeschwerden bekommen: Lassen Sie einen kleinen Rest auf Ihrem Teller zurück. Entscheiden Sie sich, den Zwang, alles aufessen zu müssen, einmal bewusst zu durchbrechen. Machen Sie das konsequent zwei Wochen lang täglich bei jeweils einer Hauptmahlzeit.

Nur weil Essbares vor Ihnen auf dem Tisch steht, besteht kein Zwang, so lange zu essen, bis alles weg ist. Oft stecken wir in einem wahren Essensrausch und merken gar nicht, dass wir längst satt sind. Der Anstandsrest unterbricht diesen Rausch und kann zu einer Art Entziehungskur werden. Probieren Sie es aus. Und achten Sie auch darauf, wie Sie sich fühlen, wenn Sie Ihr Besteck auf den noch nicht geleerten Teller zurücklegen: Wie stark ist der Impuls, weiterzuessen? Können Sie wahrnehmen, wie sich Ihr Appetit schon nach kurzer Zeit auflöst? Empfinden Sie vielleicht sogar ein Gefühl der Befreiung? Wenn Sie möchten, können Sie Ihre Erfahrungen auch in Ihrem Achtsamkeitstagebuch festhalten.

Plan B

Wenn Sie essen, weil Sie Hunger haben, ist das natürlich kein Problem. Wenn Sie jedoch essen, obwohl Sie im Grunde nicht Nahrung, sondern eigentlich eher Entspannung, Geborgenheit oder Verständnis bräuchten, kann das sehr schnell zum Problem werden. Gegen seelischen Hunger kommt nämlich leider keine Kalorienbombe an.

Wann immer Sie bemerken, dass Sie Essen als Ersatz benutzen, können Sie nach einer »Ersatzbefriedigung für die Ersatzbefriedigung« suchen. Gehen Sie dabei in zwei einfachen Schritten vor.

1. »Was stresst mich gerade?« – Fragen Sie sich, wodurch die Anspannungen, die Sie spüren, entstanden sind. Sind Sie in Zeitdruck? Erwarten Sie unerfreulichen Besuch? Hatten Sie Ärger bei der Arbeit, Streit mit Ihrem Partner oder hat jemand Sie verletzt? Fühlen Sie sich leer oder unzufrieden? Versuchen Sie die Frage »Was stresst mich gerade?« mit einfachen Worten zu beantworten. Übertreiben Sie nicht: Zwei bis drei Sätze genügen, um das Problem zu identifizieren und den Zusammenhang zwischen Ihrer Stimmung und Ihrem Appetit zu erkennen.

2. »Plan B«: Überlegen Sie, welche Entscheidung Sie jetzt treffen könnten, um Sie vor der Kühlschrankfalle zu bewahren. Halten Sie sich ein Ersatzprogramm bereit. Wie könnte Ihr Plan B aussehen? Wie können Sie sich anders nähren, anders für sich sorgen und innere Spannungen anders lösen als durch Essen? Wäre es zum Beispiel eine Alternative, ein gutes Buch zu lesen oder Musik zu hören? Täte es Ihnen gut, in die Sauna, zum Schwimmen oder ins Kino oder einfach nur eine schnelle Runde um den Block zu gehen? Oder könnte Ihr Plan B darin bestehen, dass Sie eine gute Freundin treffen oder anrufen, im Wohnzimmer tanzen, 20 Minuten Yoga oder einen Bodyscan machen, ein Bild malen oder einen Brief schreiben?

Gehen Sie kreativ mit der Frage um, was Sie jetzt statt zu essen tun könnten. Horchen Sie in sich hinein und suchen Sie nach Alternativen. Wenn Sie erst einmal ein wirkungsvolles Ersatzprogramm entdeckt haben, können Sie dieses bei drohenden Fressanfällen immer wieder als befreiendes Ritual nutzen.

Oder doch lieber ...?

- Wollen Sie wirklich die Pizza essen? Oder doch lieber den Nizza-Salat?
- Brauchen Sie wirklich den Kuchen? Oder nehmen Sie doch lieber den Obstsalat?
- Müssen es wirklich die Pommes frites sein? Oder wollen Sie doch lieber Pellkartoffeln bestellen?
- Wollen Sie tatsächlich den Dopperahm-Käse in den Einkaufswagen legen? Oder schauen Sie doch lieber noch nach einem Käse der Magerstufe?
- Sind Sie sicher, dass es die frittierte Apfeltasche sein muss? Oder beißen Sie doch lieber in den »echten« Apfel?

Zu jedem fett- oder zuckerreichen Nahrungsmittel gibt es immer gesündere und leichtere Alternativen: Statt des Croissants können Sie das Rosinenbrötchen wählen, statt Schokocreme Marmelade aufs Brot schmieren. Sie müssen das Schnitzel nicht paniert, sondern können es auch »pur« genießen. Gekochter Schinken ist eine bekömmlichere Alternative zu Salami, gekochte Hähnchenbrust zu fettigem Brathähnchen und statt der Limonade können Sie auch Wasser trinken (oder – falls Ihnen das zu asketisch ist – Apfelschorle statt Apfelsaft und Weinschorle statt Wein).

Achtsam zu sein, bedeutet auch, dass Sie Ihrem ersten Impuls, ein bestimmtes Nahrungsmittel zu essen, widerstehen, indem Sie kurz innehalten und überlegen, ob es vielleicht eine gute Alternative gäbe. Sicher wird das nicht immer der Fall sein, denn manchmal brauchen wir einfach Schokolade (obwohl es selbst da noch Auswahlmöglichkeiten gibt, da zartbittere Schokolade beispielsweise deutlich weniger Zucker enthält als Milchschokolade). Doch oft kann schon ein kurzer Augenblick des Innehaltens genügen, um Muster zu durchbrechen. Dann fällt es manchmal erstaunlich leicht, die Finger von der Kalorienbombe zu lassen. Anschließend fühlt sich nicht nur unser Körper wohler, sondern wir werden auch erleichtert und zufriedener sein.

Kleinere Teller

Ein einfacher und bewährter Trick, um Gewicht zu verlieren, besteht darin, kleinere Teller zu wählen, wodurch wir automatisch kleinere Portionen essen. Das Auge isst bekanntlich mit – was es sieht, will es auch essen, daher ist es sinnvoll, ihm nicht zu viel anzubieten. Hinzu kommt, dass viele Menschen dem Impuls nicht widerstehen können, Ihren Teller leer zu essen, ganz gleich, wie groß der ist.

Kleinere Portionen langsam und bewusst zu genießen, passt wunderbar zum Prinzip des achtsamen Essens. Allerdings sollten Sie nicht zu kleine Teller wählen, denn irgendwann wird die »Täuschung« offensichtlich. Dann lassen sich Ihre Augen und Ihr Appetit nicht mehr hinters Licht führen und die Folge ist, dass Sie den kleinen Teller mehrmals füllen, womit der Abnehmeffekt natürlich gleich null ist.

Die Entscheidungsspanne ausdehnen

Gewichtsprobleme entstehen sehr oft dadurch, dass wir nicht wirklich entscheiden, bevor wir essen. Wir sehen einen leckeren Snack und sofort greifen wir reflexartig zu. Durch Achtsamkeit können wir unsere Fernsteuerung deaktivieren und sind nicht mehr gezwungen, unserem ersten Impuls willenlos zu folgen.

Wenn wir unsere Achtsamkeit entwickeln, vermehren wir dadurch unsere Wahlmöglichkeiten. Indem wir das Schema »Reiz – Reaktion« durchbrechen, übernehmen wir wieder die Verantwortung für unser Verhalten und sind nicht länger Opfer unserer Essmuster. Die klassischen Achtsamkeitsübungen wie das achtsame Essen, der Bodyscan, die Meditation oder das Achtsamkeitstagebuch dienen allesamt dem Zweck, uns wieder klarer darüber zu werden, was wir wollen und bewusster entscheiden zu können. Auch die folgende, einfache Übung geht in diese Richtung.

Wann immer Sie den starken Impuls verspüren, etwas zu essen, von dem Sie genau wissen, dass Sie es anschließend bereuen würden, sollten Sie es sich ein bisschen schwerer machen. Bauen Sie ein Hindernis zwischen Ihrer Lust und der unmittelbaren Befriedigung ein. Dazu gibt es verschiedene Möglichkeiten.

Bevor Sie zum Burger, zur Bratwurst oder Sahnetorte greifen, sollten Sie zum Beispiel

- einmal um den Block gehen oder
- fünfmal tief durchatmen oder
- ein Glas Leitungswasser trinken oder
- eine kleine Menge Obst essen.

Sorgen Sie für eine Unterbrechung zwischen Ihrem momentanen Impuls (Appetit auf Chips) und die Befriedigung dieses Impulses (Chips essen). Die kleine Verzögerung hilft Ihnen, noch einmal kurz innezuhalten und einen Moment lang achtsam zu sein. Wenn Sie anschließend immer noch den unwiderstehlichen Impuls nach Chips verspüren, dann essen Sie sie ruhig – aber tun Sie es langsam und achtsam …

Das Fünf-Wochen-Programm

Sie haben nun alle wichtigen Übungen kennengelernt, durch die Sie Ihre Achtsamkeit entwickeln, Ihr inneres Gleichgewicht wiederfinden und Gewichtsprobleme auf natürliche Art lösen können. Das Ziel dieser Techniken besteht darin, sich aus alten Mustern zu befreien und zu lernen, wie man – vor allem beim Essen – achtsam bleibt. Die Übungen dienen aber auch dazu, Stress abzubauen, da Stress in der einen oder anderen Form immer ein bedeutender Mitverursacher von Übergewicht ist; in dem Maße, in dem es uns gelingt, Stressfallen aus dem Weg zu gehen, können wir daher auch Fressfallen immer besser vermeiden.

Das folgende Fünf-Wochen-Programm hilft Ihnen dabei, Ihre Achtsamkeit zu entwickeln und Schritt für Schritt aus alten, negativen Mustern auszubrechen. Wie Sie inzwischen wissen, ist Achtsamkeit in erster Linie Übungssache. Obwohl Sie im Laufe der Zeit sehr frei und kreativ mit den Übungen in diesem Buch umgehen können, sollten Sie gerade anfangs ganz systematisch und diszipliniert vorgehen. Achtsamkeitsbasierte Übungen sind sehr effektiv und die Wirkungen oft erstaunlich. Das gilt aber natürlich nur, wenn die Übungen auch tatsächlich praktiziert werden. Entscheiden Sie sich daher ganz bewusst, sich wenigstens fünf Wochen lang konsequent an das Programm zu halten.

Machen Sie es nicht von Ihrer Lust oder Ihren Stimmungen abhängig, ob Sie üben werden oder nicht. Und verlassen Sie sich auch nicht auf Ihre Vorlieben: Natürlich wird es Methoden geben, die Ihnen mehr liegen als andere – doch das darf keine Rolle spielen. Wenn Sie ein Instrument lernen wollen, müssen Sie auch Tonleitern üben. Im Gegensatz zu Sonaten oder Konzerten sind Tonleitern recht eintönig, und selbst Spitzenmusiker haben selten Spaß daran. Dennoch hätten sie es nie gelernt, ihr Instrument so meisterhaft zu beherrschen, wenn sie die Tonleitern beim Üben vernachlässigt hätten.

Das Fünf-Wochen-Programm

Konsequenz und Regelmäßigkeit sind bei der Entwicklung neuer Fähigkeiten wichtiger als einzelne Erfolgs- oder Misserfolgserlebnisse. Bleiben Sie dran. Die fünf Wochen sind eine absehbare Zeitspanne, zumal Sie ja auch beileibe nicht den ganzen Tag damit verbringen werden, Achtsamkeit zu üben.

Auch wenn Sie die Welt in fünf Wochen natürlich nicht verändern können, so wird sich in dieser Zeit doch mehr verändern, als Sie im Moment wahrscheinlich glauben – in Ihrer Wahrnehmung, bei Ihren Essgewohnheiten und auch auf der Waage. In der Regel genügen fünf Wochen, um wichtige Erfahrungen mit den Wirkungen der Achtsamkeit zu sammeln und »auf Kurs zu kommen«. Wenn Sie einmal damit begonnen haben, achtsamer zu essen, mehr auf sich zu achten, Ihre Stimmungen und auch Ihren Körper genauer zu beobachten und sich tiefer zu entspannen, wird dies auch in Zukunft starke Folgen auf die Art wie Sie essen und wie Sie leben haben.

Es ist empfehlenswert, während des Fünf-Wochen-Programms auch immer wieder einmal mit den zwölf Achtsamkeitsübungen für zwischendurch zu experimentieren. Wo immer es möglich ist, sollten Sie die eine oder andere dieser Methoden in Ihren Alltag einbauen.

Wenn die fünf Wochen vorbei sind, werden Sie selbst wissen, welche Übungen in welchen Situationen die richtigen für Sie sind. Sie können die Achtsamkeitsmethoden dann wie unterschiedliche Werkzeuge benutzen, die Sie nach Belieben einsetzen können. Nach etwa drei Monaten kann es sehr hilfreich sein, mit dem Fünf-Wochen-Programm noch einmal von vorne zu beginnen, um Ihre Erfolge zu festigen. Gerade dann, wenn Sie zwischendurch wieder in alte, schädliche Ernährungsgewohnheiten zurückfallen sollten, kann es wichtig sein, der Achtsamkeit wieder mehr Raum in Ihrem Leben (und Essen) zu geben.

Die erste Woche

In dieser Woche konzentrieren Sie sich ausschließlich auf das achtsame Essen (siehe Seite 85 ff.). Führen Sie diese Basisübung diese Woche an mindestens fünf Tagen aus. Es geht jedoch nicht darum, jede Mahlzeit achtsam einzunehmen, sondern es genügt, *einmal täglich* eine Mahlzeit achtsam und bewusst zu essen. Halten Sie Ihre Achtsamkeit zumindest während der ersten fünf Bissen dieser Mahlzeit wach. Lenken Sie Ihre Aufmerksamkeit dabei ausschließlich auf Ihr Essen und den Vorgang des Essens. Essen Sie langsam und bewusst und nehmen Sie Ihre Speisen mit allen Sinnen wahr.

Die zweite Woche

Auch in dieser Woche praktizieren Sie an mindestens fünf Tagen achtsames Essen (siehe Seite 85 ff.). Und auch diesmal genügt es, *einmal täglich* eine Mahlzeit achtsam und bewusst einzunehmen.

Zusätzlich nehmen Sie sich in dieser Woche an fünf Tagen jeweils etwa 30 Minuten Zeit für sich selbst. Führen Sie in dieser Zeit den Bodyscan (siehe Seite 104 ff.) durch, indem Sie mit Ihrem Bewusstsein entspannt durch den Körper reisen. Überlegen Sie, wann Sie diese ungestörte Zeit in Ihrem Alltag am besten einplanen können.

Die dritte Woche

Auch in dieser Woche praktizieren Sie wieder an mindestens fünf Tagen achtsames Essen und an fünf Tagen den Bodyscan. Es müssen übrigens nicht immer die gleichen Tage sein. Beispielsweise könnten Sie am Sonntag und Mittwoch auf den Bodyscan verzichten, während Sie montags und samstags auf das achtsame Essen verzichten. Berücksichtigen Sie bei der Umsetzung der Übungen immer auch Ihre terminlichen Möglichkeiten.

Von der dritten Woche an sollten Sie sich zusätzlich Zeit zum Reflektieren geben, indem Sie Ihre Erfahrungen notieren. Zum achtsamen Essen und zum Bodyscan kommt in dieser Woche daher erstmals Ihr Achtsamkeitstagebuch (siehe Seite 120 ff.) zum Einsatz. Wenn möglich, sollten Sie das Tagebuch wirklich jeden Abend führen. Wählen Sie darüber hinaus täglich gezielt eine Mahlzeit aus, um sich Ihre »Notizen im Hier und Jetzt« (siehe Seite 123 ff.) zu machen.

Die vierte Woche

In der vierten Woche steht wieder das achtsame Essen (siehe Seite 85 ff.) im Mittelpunkt Ihres Achtsamkeitstrainings. Auf den Bodyscan verzichten Sie diesmal, dafür nehmen Sie sich an fünf Tagen Zeit für die Achtsamkeitsmeditation (siehe Seite 128 ff.). Planen Sie für das »Sitzen in der Stille« mindestens 15 Minuten, mit der Zeit auch 20 Minuten oder länger ein. Auch hier ist es wieder wichtig, den richtigen Zeitpunkt zu finden, damit Sie ungestört üben können.

Ihr Achtsamkeitstagebuch (siehe Seite 124 ff.) und die »Notizen im Hier und Jetzt« (siehe Seite 126 ff.) führen Sie auch in der vierten Woche weiter.

Die fünfte Woche

In dieser Woche erhöhen Sie die Intensität Ihres Achtsamkeitsprogramms noch ein letztes Mal: In der fünften Woche kommen alle formellen Achtsamkeitsübungen zum Einsatz.

- Üben Sie an fünf Tagen achtsames Essen (siehe Seite 85 ff.).

- Üben Sie an drei Tagen den Bodyscan (siehe Seite 104 ff.).

- Führen Sie täglich Ihr Achtsamkeitstagebuch (siehe Seite 120 ff.) und machen Sie sich täglich vor und nach einer ausgewählten Mahlzeit kurze Notizen (siehe Seite 124 ff.)

- Beginnen oder beenden Sie jeden Tag mit einer kurzen Achtsamkeitsmeditation im Sitzen (siehe Seite 128 ff.).

Das Fünf-Wochen-Programm im Überblick

	Achtsames Essen	Bodyscan	Achtsamkeitstagebuch	Sitzmeditation
Woche 1	an 5 Tagen			
Woche 2	an 5 Tagen	an 5 Tagen		
Woche 3	an 5 Tagen	an 5 Tagen	täglich	
Woche 4	an 5 Tagen		täglich	täglich
Woche 5	an 5 Tagen	an 3 Tagen	täglich	täglich

Anhang

Die Minus-1-Diät – ein Achtsamkeitsexperiment

Vor gut einem Jahr schrieb ich das Buch »Die Minus-1-Diät – freier und leichter werden mit der Achtsamkeitsformel« (Südwest-Verlag 2011). Auch wenn in diesem Buch nicht auf gezielte Übungen wie das achtsame Essen, den Bodyscan oder die Sitzmeditation eingegangen wurde, so drehte sich doch auch hier schon vieles darum, schädliche Essgewohnheiten durch Achtsamkeit zu durchbrechen. Die Grundidee der Minus-1-Diät ist gerade auch im Zusammenhang mit dem jetzigen Thema »Schlank durch Achtsamkeit« interessant, weshalb ich diese Methode im Folgenden noch kurz umreißen möchten.

- Worum geht es?

Auch bei der Minus-1-Diät geht es in erster Linie um Achtsamkeit. Ziel ist eine langfristige Ernährungsumstellung. Wir befreien uns aus unbewusst ablaufenden, automatischen Essgewohnheiten, die Körper und Seele belasten. Zugleich befreien wir uns aber auch aus der Abhängigkeit von sogenannten Ernährungsexperten und folgen lieber der Intelligenz unseres Körpers als den ständig wechselnden Empfehlungen in Frauenzeitschriften und Fitnessmagazinen.

Ebenso wie in diesem Buch geht es also auch bei der Minus-1-Diät um die Frage, wie wir wieder ein natürliches und gesundes Verhältnis zu unserer Ernährung gewinnen können. Es geht ferner um die Frage, wie wir in Kontakt zu uns selbst und unseren Bedürfnissen treten und unser Essen ohne schlechtes Gewissen genießen können und auch darum, herauszufinden, wie wir eigentlich überhaupt auf die vielen verschiedenen Genuss- und Nahrungsmittel reagieren, die wir täglich zu uns nehmen.

Anhang

- Die Minus-1-Methode vereint Cancelling und Achtsamkeit

Streng genommen ist die Minus-1-Diät weniger eine Diät als vielmehr eine sanfte Form des Kurzfastens, bei der es darum geht, achtsam in sich hineinzuspüren. Während der Minus-1-Diät, die über einen Zeitraum von acht Wochen durchgeführt wird, können Sie wichtige Erfahrungen sammeln und sich von Ihrem Körper zeigen lassen, welche Ernährung ihm gut und welche ihm weniger gut tut. Dabei werden Sie auch abnehmen. Ein wichtiger Grundsatz der Minus-1-Diät ist, dass jeder Mensch anders auf bestimmte Nahrung reagiert. Und da jeder von uns anders ist, sollte jeder von uns auch anders essen.

Bei der Minus-1-Methode streichen wir jede Woche jeweils ein bestimmtes Nahrungs- oder Genussmittel von unserem Speiseplan – »canceln« beispielsweise je eine Woche Zucker, Alkohol oder Fleisch und beobachten genau, was dabei mit uns passiert. Die acht Substanzen, die während der Diät gecancelt werden, sind:

1. Woche – keinen Zucker: Wir verzichten auf jede Form von industriell hergestelltem oder zugefügtem Zucker wie Saccharose, Glucose oder Fructose und möglichst auch auf Süßstoffe. Süßigkeiten sind verboten, Nahrungsmittel mit natürlicher Süße wie etwa Feigen oder Birnen jedoch erlaubt.

2. Woche – kein Fast-Food: Diese Woche canceln wir alle Arten von Fast-Food und Snacks wie Hamburger, Pizza, Bratwürste, Döner, Sandwiches usw. Ebenso canceln wir alle Zwischenmahlzeiten.

3. Woche – keinen Kaffee: Wir verzichten konsequent auf alle koffeinhaltigen Getränke und Nahrungsmittel, insbesondere auf Kaffee, schwarzen und grünen Tee und koffeinhaltige Erfrischungsgetränke.

4. Woche – keine Milchprodukte: In dieser Woche gilt es herauszufinden, wie wir uns fühlen und wie es sich auf unser Gewicht auswirkt, wenn wir einmal ganz auf Milch und alle Milchprodukte verzichten und uns laktosefrei ernähren. Neben Milch streichen wir insbesondere Joghurt, Käse, Quark, Milchspeiseeis und Milchschokolade von unserem Speiseplan.

5. Woche – kein Weißmehl: Diesmal verzichten wir auf alle Brotsorten und Getreideprodukte, die nicht ausdrücklich aus Vollkornmehl hergestellt wurden. Neben Weißbrot, Brötchen, Toast, Nudeln und Cornflakes verzichten wir auch auf Paniermehl, Pfannkuchen, Kuchen usw. Dabei beobachten wir genau, wie sich das auf Körper und Seele auswirkt.

6. Woche – keinen Alkohol: Eine Woche ganz ohne Alkohol – kein Bier, kein Wein, keine Longdrinks und nichts Hochprozentiges, ja nicht einmal Pralinen mit Likörfüllung oder alkoholhaltige Soßen: Für manche Menschen ist das kein Problem, für andere jedoch eine echte Herausforderung. In dieser Woche erforschen Sie, wie es für Sie ist.

7. Woche – kein Fleisch: Diesmal legen wir eine fleischlose Woche ein und ernähren uns ausschließlich vegetarisch. Eier und Milch sind erlaubt, doch Fleisch, Geflügel, Wurst und Fisch werden gecancelt.

8. Woche – keine Zusatzstoffe: Die letzte Woche fällt oft besonders schwer, da wir dabei lernen müssen, welche Inhaltsstoffe all die Produkte, die wir einkaufen oder im Restaurant zu uns nehmen, eigentlich enthalten. Diese Woche verzichten wir auf sämtliche Zusatzstoffe wie Konservierungs-, Farbstoffe, Geschmacksverstärker und Aromastoffe. Dabei beobachten wir, was sich dadurch verändert – nicht nur im Körper und den Gefühlen, sondern vielleicht auch in unserer Einstellung zu Nahrungsmitteln. Zu den Produkten, die wir in dieser Woche meiden sollten, gehören Instant- und Fertigprodukte, Konserven, Lightprodukte und genetisch veränderte Nahrungsmittel.

- Die C.U.T.-Methode

Bei der Minus-1-Diät wird eine einfache Methode in drei Schritten angewendet, die durch die drei Buchstaben C.U.T. abgekürzt wird:

1. »C« wie »Canceln«: Der erste Schritt besteht darin, dass Sie für eine Woche ein bestimmtes Nahrungs- oder Genussmittel (wie aufgezählt) streichen oder eben »canceln«.

2. »U« wie »Untersuchen«: Während Sie auf bestimmte Substanzen verzichten, sollten Sie Ihre Gefühle, Gedanken und Zustände genau beobachten und notieren.

Anhang

3. »T« wie »Treffen Sie eine Entscheidung«: Am Ende der jeweiligen Woche treffen Sie eine Entscheidung. Wenn Sie beispielsweise bemerkt haben, dass es Ihnen ohne Zucker besser geht, verzichten Sie auch für die nächsten Wochen auf Süßigkeiten.

Durch die Minus-1-Diät durchbrechen Sie automatische Ernährungsmuster und hinterfragen alte Gewohnheiten. Mithilfe der Achtsamkeit finden Sie so im Laufe der Zeit zu der Ernährungsform, die Ihnen Energie schenkt und weder Ihre Gesundheit noch Ihre Figur belastet.

Wenn Sie mehr über die Minus-1-Methode erfahren möchten, können Sie unsere Seite auf »Facebook« besuchen (http://de-de.facebook.com/minus.1.diaet). Die Minus-1-Diät kann das Fünf-Wochen-Programm, das Sie in diesem Buch finden, ergänzen, aber natürlich können Sie die Methode auch unabhängig ausprobieren.

Drei Fragen zum Schluss

Sie haben in diesem Buch grundlegende Möglichkeiten kennen gelernt, Ihre Achtsamkeit rund um das Essen zu entwickeln und zu vertiefen. Die fünf Säulen der Achtsamkeit – das achtsame Essen, der Bodyscan, das Tagebuch, die Meditation und die Achtsamkeitsexperimente – können sehr schnell zu positiven Veränderungen führen. Nicht nur was Ihre Ernährungsweise (und damit Ihr Körpergewicht) betrifft, sondern auch in Bezug auf Ihr Lebensgefühl und Ihre Lebensfreude, sind diese Achtsamkeitsübungen Gold wert.

Die Voraussetzung dafür, dass das Ganze funktioniert, ist natürlich, dass Sie die Übungen auch in die Praxis umsetzen. Tatsächlich kann man die Fähigkeit, achtsam zu sein, mit einem Muskel vergleichen. Um diesen geistigen Muskel zu trainieren, müssen Sie bestimmt keine Hochleistung bringen. Eines müssen Sie jedoch tun: regelmäßig üben. Am schnellsten kommen Sie voran, wenn Sie immer wieder kleine Schritte tun und Ihr Bewusstsein ganz allmählich von »Autopilot« auf »Achtsamkeit« umprogrammieren. Vermutlich haben Sie sich dieses Buch besorgt, weil Sie unter Gewichtsproblemen leiden. Schließlich geht es bei den Übungen ja nicht nur um die Entwicklung der Achtsamkeit, sondern auch darum, abzunehmen. Grundsätzlich sollten Sie sich immer wieder bewusst machen, dass es einen einfachen Grund dafür gibt, warum wir zu viel oder ständig das Falsche essen: Statt bewusst zu entscheiden, folgen wir alten Mustern – und die haben eine Menge mit unseren Emotionen und mit Stress zu tun.

In gewissem Maße gehört wohl jeder von uns zu den emotionalen Essern. Es ist ganz normal, dass wir versuchen, seelische Bedürfnisse durch Essen zu befriedigen. Es ist auch kein Problem, wenn wir inneren Mangel gelegentlich durch Schokolade oder ein paar XL-Hamburger zu füllen versuchen. Das Problem entsteht erst, wenn wir uns dieser Zusammenhänge nicht bewusst sind. Daher ist es wichtig, unsere Achtsamkeit auch auf den Einfluss dieser Muster zu erweitern.

Schon beim Achtsamkeitstagebuch oder beim Achtsamen Essen haben wir gesehen, wie wichtig es ist, seine Gefühle mit in die Übung einzubeziehen. Und das sollten Sie regelmäßig tun. Beobachten Sie, wie Ihre Gefühle, Stimmungen, oder eingefleischte Verhaltensmuster Ihr Essverhalten beeinflussen.

Die folgenden drei Fragen können Sie sich immer wieder einmal stellen – ob beim Essen oder auch zwischendurch. Auf keinen Fall geht es jedoch darum, sich für seine Gefühle oder sein Verhalten zu verurteilen. Lenken Sie einfach nur Ihre Achtsamkeit auf das, was ist. Wie mit dem Strahl einer Taschenlampe bringen Sie so schlagartig Licht in verborgene Winkel Ihres Bewusstseins. In dem Augenblick aber, in dem Sie klarer zu sehen und zu verstehen beginnen, wie Sie ticken, werden sich positive Veränderungen ganz von selbst einstellen. Schalten Sie also die Taschenlampe an, indem Sie sich die folgenden Fragen stellen:

1. Was brauche ich wirklich, um glücklich zu sein?

Ist das, was Sie essen, wirklich das, wonach Sie sich im Grunde sehnen? Inzwischen wissen Sie ja, dass Essen nicht nur dazu dient, sich körperlich zu sättigen, sondern darüber hinaus viele andere Funktionen erfüllt. Wir essen beispielsweise, weil uns langweilig ist und wir uns Ablenkung oder Erfüllung wünschen. Auch der Wunsch nach Anerkennung, Geborgenheit oder Wärme lässt uns oft zu Messer und Gabel greifen. Wir essen, weil wir enttäuscht wurden, weil wir einsam, gestresst und überfordert sind oder weil wir uns entspannen wollen. Doch der tiefere Grund für emotionales Essen liegt darin, dass wir uns danach sehnen, glücklich zu sein.

Leider kann man sich ebenso wenig glücklich essen, wie man Glück kaufen oder durch die Ansammlung von Luxusgütern glücklich werden kann. Fragen Sie sich daher gelegentlich, wonach Sie sich eigentlich wirklich sehnen, wenn Sie zu viel essen. Diese Frage können Sie sich sogar inmitten eines Heißhungeranfalls stellen, oder auch danach. Fressanfälle haben nun leider die unangenehme Eigenschaft, dass wir eben gerade nicht bewusst und achtsam sind, sondern wie ferngesteuert handeln, während wir uns esslöffelweise Eis oder andere Kalorienbomben einverleiben. Doch auch innerhalb dieser automatisch ablaufenden Muster gibt es immer wieder einmal kurze Momente, in denen wir »erwachen«.

Wann immer Sie bemerken, dass die Pferde mit Ihnen durchgegangen sind, können Sie kurz innehalten, und Achtsamkeit üben:

- Achten Sie zunächst darauf, wie sich Ihr Körper im Moment anfühlt. Wie ist Ihre Haltung? Aufrecht und entspannt oder eher im Gegenteil? Wie fühlt sich Ihr Bauch- und Magenbereich an?

- Richten Sie die Achtsamkeit dann auf Ihre Stimmung. Können Sie bestimmte Gefühle wahrnehmen? Sind es diffuse Stimmungen oder Gefühle, die Sie konkret benennen können, wie etwa Traurigkeit, Erschöpfung oder Nervosität?

- Was immer Sie in Ihrem Körper und Ihrem Geist beobachten können. Bewerten und verurteilen Sie nichts! Bleiben Sie offen und neugierig, schauen Sie genau aber auch mitfühlend auf das, was geschieht. Was immer es sein mag es ist in Ordnung so.

- Stellen Sie sich nun eine einfache Frage (wenn Sie möchten, können Sie sie auch erst nach dem Heißhungeranfall stellen):

    »Was ist es, was ich im Moment wirklich bräuchte? Wonach sehne ich mich eigentlich, wenn ich so viel esse?«

    Hier sind einige Möglichkeiten:

    - Geborgenheit, Wärme
    - Entspannung
    - Ruhe, Stille
    - Trost, Anerkennung
    - Nähe, Mitgefühl
    - Ablenkung, Unterhaltung
    - Lebendigkeit, sinnliche Erfahrungen
    - …

- Spüren Sie in sich hinein. Vielleicht taucht aus Ihrem Inneren eine klare Antwort auf Ihre Frage auf. Doch auch wenn nicht, ist die Übung sehr wertvoll, denn Sie durchbrechen dadurch unbewusste Mechanismen und öffnen sich für Ihre Erfahrungen und für neue Erkenntnisse. Je häufiger es Ihnen gelingt, die Fernsteuerung auszuschalten und aufzuwachen, desto schneller werden Sie automatisch ablaufende Muster durchbrechen können.

Anhang

- Zum Abschluss der Übung sollten Sie sich fragen, ob es im Augenblick oder auch auf längere Sicht eine Alternative zum emotionalen Essen gibt. Vielleicht können Sie Ihre Bedürfnisse ja anders als durch Essen befriedigen. Vielleicht müssen Sie dazu aktiv werden, etwa indem Sie eine gute Entspannungstechnik erlernen, einen Yoga- oder Malkurs besuchen, eine Freundin anrufen oder in die Natur gehen. Falls Ihnen im Augenblick nichts einfällt, was Ihnen weiter helfen könnte, macht das jedoch auch nichts. Versuchen Sie nicht, um jeden Preis Veränderungen zu erzwingen, sonst erzeugen Sie nur Stress, was erst recht dazu führt, dass Sie mehr essen als Sie brauchen. Viel wichtiger als jede Lösungsstrategie ist es, achtsam zu bleiben und immer wieder die Augen für Ihre gegenwärtige Erfahrung zu öffnen.

2. Wo lauern meine typischen Fressfallen?

Jeder Mensch hat seine ganz besonderen Schwachstellen, seine körperlichen wie auch seelischen»Problemzonen«. Und ebenso gibt es für jeden von uns ganz spezifische Fressfallen: Nicht jeder isst vor dem Fernseher Chips, nicht jeder belohnt sich nach einer gelungenen Aufgabe mit Kalorienbomben und nicht jeder ist für Fast-Food empfänglich. Eines jedoch ist sicher: Jeder, der zu viel wiegt, hat es mit irgend einer Form von belastenden Gewohnheit zu tun, die sein Essverhalten aus dem Ruder laufen lässt. Vielleicht kennen Sie Ihre persönlichen Figurenkiller ja schon gut. Doch so oder so – es lohnt sich auf jeden Fall, einen genaueren Blick auf sein Essverhalten zu werfen und einmal sehr achtsam hinzusehen, wo eigentlich die Gefahren lauern, die uns immer wieder die gleichen Fehler machen lassen.

Im Folgenden finden Sie einige häufige Fressfallen. Schauen Sie sich die Liste in Ruhe an. Stellen Sie sich Ihr Ernährungsverhalten in den verschiedenen Situationen vor Ihrem inneren Auge vor. Prüfen Sie Punkt für Punkt, wo Ihre Fressfallen aufgestellt sind:

- Ich knabbere besonders gerne beim Fernsehen, im Kino oder wenn ich am Computer sitze.
- Ich trinke regelmäßig Alkohol beim Essen.
- Wenn ich im Stress bin oder unter Zeitdruck stehe, esse ich meist zu viel.

Schlank durch Achtsamkeit. Durch inneres Gleichgewicht zum Idealgewicht.

- Wenn ich an Fast-Food-Restaurants vorbeigehe, werde ich schwach.
- Ich greife zu Süßigkeiten und anderen Genussmitteln, wenn mir langweilig ist und/oder ich mich leer fühle.
- Feiern, Partys und Einladungen sind ein Problem für mich oder besser gesagt für meine Figur.
- Ich neige dazu, zwischendurch zu essen und esse meist unregelmäßig.
- Auf Reisen und unterwegs esse ich mehr als mir gut tut.
- Kalte Buffets und All-You-Can-Eat-Lokale sind für mich eine große Versuchung.
- Ich esse zu viel, wenn ich einsam bin.
- Ich esse zu viel, wenn ich in fröhlicher Gesellschaft bin.
- Süßigkeiten sind meine Fressfalle Nummer eins. Es vergeht kein Tag, an dem ich nicht Schokolade, Kekse, Kuchen, Eis oder andere Desserts esse.
- Ich neige dazu, zu schlingen. Wenn ich hastig esse, bemerke ich meist erst danach, dass ich wieder einmal viel zu viel gegessen habe.
- Ich bin beim Essen selten bei der Sache. Entweder lese ich nebenher Zeitung oder Zeitschriften oder ich telefoniere und surfe im Internet.
- Es sind vor allem bestimmt Orte, wie Cafés, Schlemmergassen, Snackbars oder Restaurants, die mich dazu verführen, unachtsam zu essen.
- Ich esse oft heimlich. Ich horte Süßigkeiten an geheimen Orten oder schleiche mich nachts in die Küche oder an den Kühlschrank. Auch im Alltag esse ich oft, wenn mich niemand dabei beobachten kann.
- Es ist vor allem der Abend, der mir Probleme beim Essen macht. Nach Feierabend esse ich regelmäßig zu viel, und oft brauche ich vor dem Schlafengehen noch ein »Betthupferl«.
- Ich esse vor allem dann zu viel, wenn ich auswärts und/oder in der Kantine esse. Dann neige ich auch dazu, mir Speisen zu bestellen, die ich danach bereue.

Anhang

Wie Sie sehen, gibt es sehr viele mögliche Fressfallen. Die meisten hängen mit belastenden Verhaltensmustern zusammen, einige auch mit bestimmten Orten, anderen Menschen oder äußeren Zwängen. Ebenso wie in allen anderen Alltagshandlungen spielen auch beim Essen Gewohnheiten eine entscheidende Rolle. Einige dieser Gewohnheiten wirken sich sehr ungünstig auf unsere Gesundheit, unser Aussehen und unser Wohlbefinden aus. Doch mit der Brechstange können Sie negative Gewohnheiten nicht verändern, denn das führt nur zu inneren Kämpfen. Viel effektiver ist es, diese Muster achtsam zu beobachten und zu erkennen.

Darüber hinaus ist es hilfreich, herauszufinden, welche positiven Absichten Ihr Unterbewusstsein mit dieser Gewohnheit verfolgt. Und schließlich können Sie sich fragen, ob es Alternativen gibt, die dazu führen, dass Sie Schritt für Schritt Gewohnheiten entwickeln, die Ihnen besser tun – womit wir wieder bei der ersten Frage wären:»Was brauche ich wirklich, um glücklich zu sein?«

3. Was hält mich in diesem Augenblick davon ab, mein Essen achtsam zu genießen?

Zuletzt noch eine ganz einfache Frage, die Sie sich immer dann stellen können, wenn Sie bemerken, dass Sie im Autopilot-Modus essen. Sie lautet:»Was hält mich in diesem Augenblick eigentlich davon ab, achtsam zu essen? Warum fällt es mir schwer, meine Mahlzeit gerade mit allen Sinnen zu genießen? Warum schlinge ich gerade so oder merke gar nicht wirklich, was ich hier esse?«

Diese Frage ist sehr wichtig, denn tatsächlich sollten Sie versuchen, herauszufinden, was um alles in der Welt denn so wichtig sein mag, dass es Ihr natürliches Hunger- und Sättigungsgefühl untergräbt und Sie davon abhält, beim Essen im Hier und Jetzt zu bleiben? Welche Einflüsse sind dafür verantwortlich, dass Sie beim Essen zu einer Art»Roboter mit Messer und Gabel« werden?

Immer wenn Sie unbewusst essen, stellt sich die Frage, womit Ihr Bewusstsein denn beschäftigt ist, wenn es nicht mit dem Essen beschäftigt ist. Wenn Sie genau hinsehen, werden Sie erkennen, dass es oft Gefühle, Stimmungen oder Launen sind, die unsere Aufmerksamkeit auf sich ziehen. Sehr oft sind es aber auch unsere Gedanken, die spazieren gehen oder äußere Faktoren wie Zeitdruck. Beispiele für die Antwort auf die Frage »Was hält mich in diesem Augenblick davon ab, mein Essen achtsam zu genießen?« finden Sie in der folgenden Liste:

Körperliche Anspannungen:

- Muskelanspannungen, Schmerzen, schlechte Körperhaltung

Mentale Anspannungen:

- Gedanken an das, was kommen mag (Zukunft)
- Gedanken an das, was war (Vergangenheit)
- Tagträume, Pläne, Sorgen
- Gespräche mit anderen, Streitereien
- Innere, »vorgestellte« Dialoge

Emotionale Anspannungen:

- Gefühle wie Einsamkeit, Frustration, Traurigkeit oder Ärger
- Starkes Begehren, Gier, Heißhunger

Äußere Faktoren:

- Medien wie TV, Computer, Radio oder Zeitungen
- Zeitdruck, einseitiges Essensangebot
- »Versuchungen« durch sinnliche Reize (Auslagen, Düfte, schön angerichtete Speisen…)

Denken Sie daran: Auch bei der dritten Frage geht es um Achtsamkeit. Es spielt also keine Rolle, was Sie herausfinden. »Gut« oder »schlecht« sind Kategorien, die sich nicht mit der offenen, freundlichen Haltung von Achtsamkeitsübungen vertragen. Was immer Sie bei dieser Übung beobachten mögen – gehen Sie in drei einfachen Schritten vor:

1. Erkennen Sie, was im Moment da ist. Erkennen Sie einfach nur, dass Ihre Aufmerksamkeit beim Essen beispielsweise bei bestimmten Gedanken ist.

2. Akzeptieren Sie es, wie es ist. Es ist okay. Nehmen Sie die Dinge, die Sie vom Essen ablenken, mit ins Boot. Auch sie sind es wert, achtsam wahrgenommen zu werden, denn sie sind ein Teil von Ihnen.

Anhang

3. Sobald Sie erkannt haben, was Sie davon abhält, achtsam zu essen, richten Sie Ihre Aufmerksamkeit einfach wieder sanft auf das Essen – auf den Geruch, den Geschmack, Ihre Körperhaltung und alles, was Sie im Moment erfahren können.

Das Dumme an Achtsamkeitsübungen ist, dass Sie Geduld dafür brauchen und Ihnen sicher nicht gleich alles gelingen wird. Ständig werden Sie sich dabei ertappen, wie Sie im Autopilot-Modus handeln und unbewusst essen. Doch das Gute an Achtsamkeitsübungen ist, dass Sie jederzeit, in jedem einzelnen Moment, wieder von Neuem beginnen können. Tatsächlich können Sie jede Sekunde Ihres Lebens nutzen, um Ihre Aufmerksamkeit immer und immer wieder von der eingebildeten Welt auf die wirkliche Welt zu verlagern. Und im Lauf der Zeit wird sich dabei eine Menge verändern – sowohl auf der Waage als auch in Ihrem Leben.

Eine abschließende Bemerkung

Das Einzige, worauf es letztlich wirklich ankommt, ist Ihre Achtsamkeit. Sobald Sie aufwachen, sobald Sie sich von den unbewussten Mechanismen der Vergangenheit befreien und Ihre Aufmerksamkeit auf das Jetzt lenken, werden Sie mit der Intelligenz Ihres Körpers in Kontakt kommen. Dann können Sie essen, was Sie wollen, denn dann müssen Sie nicht mehr auf das »Was«, sondern werden vielmehr auf das »Wie« achten.

Der Kampf gegen die eigenen Pfunde kann nie durch das Einhalten von starren Regeln oder Kalorienzählen gewonnen werden. Langfristig können Sie nur gewinnen, wenn Sie nicht länger kämpfen. Dann werden Sie die Erfahrung machen, dass Sie Ihr persönliches Idealgewicht in dem Maße, in dem Sie sich Ihrem inneren Gleichgewicht nähern, ganz von selbst erreichen – ohne Zwang, jedoch wach, neugierig, offen und achtsam.

Literaturempfehlungen

- Bays, J.C.: *Achtsam essen. Vergiss alle Diäten und entdecke die Weisheit deines Körpers.* Arbor, Freiburg 2009

- Kabat-Zinn, J.: *Gesund durch Meditation: Das große Buch der Selbstheilung.* Knaur, München 2011

- Kabat-Zinn, J.: *Stressbewältigung durch die Praxis der Achtsamkeit. Buch/CD.* Arbor, Freiburg 1999

- Kornfield, J.: *Meditation für Anfänger. CD mit 6 geführten Meditationen.* Arkana, München 2005

- Lehrhaupt, L.; Meibert, P.: *Stress bewältigen mit Achtsamkeit* , Kösel, München 2010

- Long, A.; Schweppe, R.: *Die 7 Geheimnisse der Schildkröte. Den Alltag entschleunigen, das Leben entdecken.* Heyne, München 2010

- Long, A.; Schweppe, R.: *Nicht anstrengen – leben!: Das Dao des Alltags.* Heyne, München 2009

- Orbach, S.: *Lob des Essens.* Goldmann, München 2003

- Roth, G.: *Essen ist nicht das Problem.* Kailash, München 2011

- Schweppe, R.; Schwarz, A.: *Die Minus-1-Diät – Freier und leichter werden mit der Achtsamkeitsformel.* Südwest, München 2011

- Wolf, D.: *Übergewicht und seine seelischen Ursachen.* GU, München 2007

- Zölls, D.; Zirkelbach, C.: *Wie Zen schmeckt. Die Kunst des achtsamen Genießens – Mit über 50 Rezepten*, Kösel, München 2009

Hilfreiche Adressen im Internet

- http://de-de.facebook.com/minus.1.diaet
- http://www.achtsam-abnehmen.de
- http://www.institut-fuer-achtsamkeit.de/
- http://www.facebook.com/minus.1.diaet

Anhang

Raum für Ihre Notizen

Schlank durch Achtsamkeit. Durch inneres Gleichgewicht zum Idealgewicht.

Anhang

Register

A

Ablenkungen 34, 93, 94, 103, 111, 116, 131
Achtsamkeitstagebuch 28, 36, 83, 120, 121, 122, 123, 124, 139, 150, 153, 158, 159
Achtsamkeitstechniken 26
Achtsamkeitsübungen 7, 23, 26, 27, 35, 36, 53, 55, 83, 84, 91, 114, 139, 148, 153, 157, 159
ADS 53
Alltagsexperimente 83
Alltagsübungen 29, 139
American Dietetic Association 55
Angststörungen 53
Appetit 28, 79, 80, 86, 87, 92, 93, 103, 141, 150, 151, 153, 154
Aromatherapie 72
Arthrose 45
Atembeobachtung 26
Atmung, nährende 147

B

Bewusstheit 64
Bewusstsein 7, 11, 14, 15, 22, 31, 34, 36, 39, 88, 112, 113, 116, 123, 144, 158
BMI 10, 25, 44, 56, 106
  BMI-Tabellen 10, 25, 44, 56, 106
  BMI-Wert 10, 25, 44, 56, 106
Bodyscan 28, 36, 65, 67, 75, 83, 104, 105, 106, 107, 111, 112, 113, 114, 115, 116, 117, 118, 139, 148, 151, 153, 158, 159, 160
Broca-Index 44
Burn-out 37, 41, 53, 105

C

Cancelling 160
Cortisol 41
Crashdiät 14, 48
C.U.T.-Methode 163

D

Depressionen 37, 41, 43, 45, 53, 56, 97
Diabetes 13, 45
Diätberater 18
Diätregeln 25, 42
Disziplin 17, 48, 49

E

Eile 16, 96, 101, 142, 143
Energieriegel 12
Entschleunigung 86
Ernährungsexperte 18
Essmuster 7, 10, 67, 96, 120, 153
Essprobleme 40

F

Facebook 163
Farben 72, 87
Fast-Food 13, 30, 37, 38, 39, 86, 96, 97, 102, 145, 149, 161
Fersensitz 135
Fettsucht 13, 44, 59
Fred Hutchinson Krebsforschungszentrum 55
Freiheit 21, 51, 62
Fressanfall 16, 17, 85, 100, 143
Fülle, innere 15, 27, 33, 35, 36, 37, 52, 66, 103, 104, 144, 145
Fünf-Wochen-Programm 27, 84, 156, 157, 159, 163

G

Gedankenkategorien 138
Gefühlsmuster 28
Gelenkschäden 45
Gesundheitsrisiken 19
Gewichtsprobleme 6, 14, 54, 56, 59, 79, 82, 150, 153, 156
Gewichtsreduktion 10, 16, 54, 130
Gewissen, schlechtes 16
Gicht 45
Gleichgewicht, inneres 10

H

Heiler 57
Heißhunger 15, 30, 31, 42, 93
Herz-Kreislauf-Erkrankungen 13
Hunger, emotionaler 34

I

Idealgewicht 10

J

Jogging 18, 56

Anhang

K

Kabat-Zinn, Jon 22
Kalorienbedarf 14
Konsumgüter 21
Konzentrationsprobleme 53
Kristal, Alan 55
Kurzfasten 160

L

Leistungsdruck 16, 40, 130
Liebeskummer 16
Lotossitz 133, 135, 136

M

Magier 57
Mangel, innerer 15
MBSR 22, 23, 26, 43, 53, 54, 72, 88, 106, 111
Mindfulness-Based Stress Reduction 22, 43
Meditation 28, 36, 43, 60, 67, 128, 129, 130, 132, 133, 136, 137, 138, 139, 153, 170
Sitzmeditation 28, 83, 128, 130, 133, 159, 160
Meditationsbank 135
Meditationshaltung 133
Minus-1-Diät 160, 161, 163, 170
Motivation 17, 30, 68

N

NLP 57
neurolinguistisches Programmieren 57
Notizen im Hier und Jetzt 122, 123, 126, 158, 159

O

Oberflächlichkeit 19

P

PMR 71, 111
Problemzonen 47, 117
Psychologie 14
Psychosomatik 14, 129

R

Rosinenübung 88

S

Schamanen 57
Schlafstörungen 41, 42, 45, 53
Schuldgefühle 17, 92, 120
Selbstakzeptanz 73, 74, 129
Selbstbeherrschung 16
Slow-Food 39, 86, 97
Stoffwechselstörungen 13, 45
Störquellen 86
Stress 10, 11, 15, 16, 17, 20, 22, 23, 35, 37, 40, 41, 42, 43, 51, 53, 54, 63, 70, 72, 80, 82, 85, 92, 105, 106, 111, 119, 124, 126, 127, 130, 156, 170
Stressbewältigungsmethoden 26
Stressfressen 41
Stressoren 40

T

Trance 57, 58, 143

U

Übergewicht 6, 10, 11, 12, 13, 14, 15, 16, 19, 23, 25, 31, 33, 42, 43, 44, 45, 46, 47, 48, 49, 54, 59, 63, 68, 77, 98, 117, 128, 130, 149, 156, 170
Ungleichgewicht, inneres 15, 129

V

Verbundenheit 144, 145
Verhaltensmuster 6, 12, 20, 21, 31, 139
Versagensängste 16
Verstimmungen, depressive 14

W

Wohlbefinden 17, 35, 44

Y

Yoga 42, 43, 54, 55, 56, 106, 111, 148, 151

Z

Zeitmanagement 132
Zeitmangel 16

LOGI-Methode

Glücklich und schlank.
Mit viel Eiweiß und dem richtigen Fett.
Das komplette LOGI-Basiswissen.
Mit umfangreichem Rezeptteil.
Dr. Nicolai Worm
978-3-927372-26-9   **19,90 €**

Vegetarisch kochen mit der LOGI-Methode.
LOGI ohne Fisch und Fleisch?
Na klar! 80 innovative und kreative LOGI-Veggie-Rezepte.
Wenige Kohlenhydrate – glutenfrei!
Susanne Thiel | Dr. Nicolai Worm
978-3-927372-80-1   **19,95 €**

LOGI durch den Tag.
Kombinieren Sie Ihren LOGI-Abnehmplan aus 50 Frühstücken, 50 Mittagessen und 50 Abendessen. Maximale Sättigung mit weniger als 1.600 Kalorien und 80 Gramm Kohlenhydraten pro Tag!
Franca Mangiameli
978-3-927372-79-5   **29,95 €**

Das große LOGI-Familienkochbuch.
Die LOGI-Ernährungsmethode für die ganze Familie in Theorie und Praxis.
Mit 100 tollen Rezepten, die auch Kindern schmecken.
Marianne Botta | Dr. Nicolai Worm
978-3-927372-96-2   **19,99 €**

Die LOGI-Jubiläumsbox.
Zehn erfolgreiche, glückliche und schlanke Jahre mit der LOGI-Methode.
Enthält DIE drei Standardwerke rund um die LOGI-Methode zum Jubiläumspreis.
- Glücklich und schlank.
- Das große LOGI-Kochbuch.
- Das neue große LOGI-Kochbuch.
Dr. Nicolai Worm | Franca Mangiameli
Heike Lemberger
978-3-927372-68-9   **45,00 EUR**
(erhältlich solange der Vorrat reicht)

Das große LOGI-Kochbuch.
120 raffinierte Rezepte zur Ernährungsrevolution von Dr. Nicolai Worm.
Mit exklusiven LOGI-Kompositionen der Spitzenköche Alfons Schubeck, Vincent Klink, Ralf Zacherl, Christian Henze und Andreas Gerlach.
Franca Mangiameli
978-3-927372-29-0   **19,95 €**

Das große LOGI-Fischkochbuch.
Köstliche Gerichte mit Fisch und Meeresfrüchten aus heimischen Gewässern und aus aller Welt.
Susanne Thiel | Anna Fischer
978-3-942772-07-5   **19,99 €**

Das LOGI-Menü.
Logisch kombiniert: 50 Vorspeisen, 50 Hauptgerichte, 50 Desserts.
Franca Mangiameli
978-3-927372-60-3   **29,95 €**

Die LOGI-Akademie.
LOGI lehren – LOGI verstehen.
Ein Leitfaden zur Patientenschulung und zum Selbststudium.
Franca Mangiameli
978-3-927372-59-7   **48,00 €**

**Leicht abnehmen!
Geheimrezept Eiweiß.**
Gewicht verlieren mit Eiweiß und Formula-Mahlzeiten. Und dann: gesund und schlank auf Dauer mit LOGI.
Dr. Hardy Walle | Dr. Nicolai Worm
978-3-927372-39-9   **19,95 €**

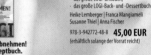

Noch mehr LOGI.
Die LOGI-Fisch-, -Back- und -Grillbox.
Über 400 raffinierte Rezepte.
Die Box beinhaltet:
- das große LOGI-Fischkochbuch
- das große LOGI-Grillbuch,
- das große LOGI-Back- und -Dessertbuch
Heike Lemberger | Franca Mangiameli
Susanne Thiel | Anna Fischer
978-3-942772-48-8   **45,00 EUR**
(erhältlich solange der Vorrat reicht)

Das neue große LOGI-Kochbuch.
120 neue Rezepte – auch für Desserts, Backwaren und vegetarische Küche.
Jede Menge LOGI-Tricks und die klügsten Alternativen zu Pizza, Pommes und Pasta.
Franca Mangiameli | Heike Lemberger
978-3-927372-44-9   **19,95 €**

Das große LOGI-Back- und Dessertbuch.
Über 100 raffinierte Dessertrezepte, die Sie niemals für möglich gehalten hätten. So macht Leben nach LOGI noch mehr Spaß!
Mit ausführlichem Stevia-Extrakapitel.
Franca Mangiameli | Heike Lemberger
978-3-942772-06-5   **19,95 €**

LOGI-Guide.
Tabellen mit über 500 Lebensmitteln, bewertet nach ihrem glykämischen Index und ihrer glykämischen Last.
Franca Mangiameli
Dr. Nicolai Worm | Andra Knauer
978-3-942772-02-0   **6,99 €**

**Leicht abnehmen!
Das Rezeptbuch.**
Gewicht verlieren mit Eiweiß und Formula-Mahlzeiten. Und für danach: 70 einfache und abwechslungsreiche LOGI-Rezepte.
Dr. Hardy Walle
978-3-927372-40-5   **12,95 €**

Die LOGI-Kochkarten.
Die besten LOGI-Rezepte.
Einfallsreich, einfach, preiswert.
978-3-942772-54-9   **17,99 €**

**DIN-A1-Poster:
LOGI-Pyramide.**
(erhältlich nur beim Verlag)
6,50 € zzgl. 5,00 € Versand

**Abnehmen lernen.
In nur zehn Wochen!**
Das intelligente LOGI-Power-Programm zur dauerhaften Gewichtsreduktion.
Mit diesem Tagebuch werden Sie ihr eigener LOGI-Coach!
Heike Lemberger | Franca Mangiameli
978-3-927372-46-7   **18,95 €**

Das große LOGI-Grillbuch.
120 heiß geliebte Grillrezepte rund um Gemüse, Fisch und Fleisch.
Ein Fest für LOGI-Freunde.
Heike Lemberger | Franca Mangiameli
978-3-942772-12-9   **19,99 €**

Fett Guide.
Wie viel Fett ist gesund? Welches Fett wofür? Tabellen mit über 500 Lebensmitteln, bewertet nach ihrem Fettgehalt und ihrer Fettqualität.
Heike Lemberger
Ulrike Gonder | Dr. Nicolai Worm
978-3-942772-09-9   **9,99 €**

LOGI-Grundlagenbroschüren.
- Den Typ-2-Diabetes an der Wurzel packen.
- Syndrom X: Metabolisches Syndrom.
- Süßes Blut rächt sich bitter.
(erhältlich nur beim Verlag)

◆ **Paketpreis für alle drei: 7,50 €**

LOGI im Alltag, in der Praxis und in der Klinik.
Andra Knauer
978-3-942772-31-0   **8,99 €**

Eiweiß-Guide.
Tabellen mit über 500 Lebensmitteln bewertet nach ihrem Eiweißgehalt und ausgewählten Aminosäuren.
Franca Mangiameli | Heike Lemberger
Dr. Nicolai Worm
978-3-942772-64-8   **7,90 €**

www.systemed.de

LOGI/Gesundheit

Low-Carb vegan.
40 Rezepte ohne tierische Lebensmittel.
Franca Mangiameli | Heike Lemberger
978-3-942772-68-6　　**7,99 €**

Low-Carb unterwegs.
40 Rezepte für die Reise und zum Mitnehmen.
Franca Mangiameli | Heike Lemberger
978-3-942772-66-2　　**7,99 €**

Low-Carb – Low-Budget.
Kohlenhydratbilanzierte Küche für den kleinen Geldbeutel.
Wolfgang Link | Dr. med. Jürgen Vofl
978-3-942772-65-5　　**7,99 €**

Low-Carb bei Nahrungsmittel-unverträglichkeiten.
Bei Laktose-, Fruktose- und Gluten-unverträglichkeit.
Wolfgang Link | Dr. med. Jürgen Vofl
978-3-942772-74-7　　**7,99 €**

Low-Carb in 15 Minuten.
40 vleichtve Schnellrezepte zum Genießen.
Wolfgang Link
978-3-942772-75-4　　**7,99 €**

Low-Carb in der Schwangerschaft.
Gesundheit mit wenig Kohlenhydraten für Mutter und Baby.
Anett Schmittendorf
978-3-942772-72-3　　**7,99 €**

KetoKüche kennenlernen.
Die ketogene Ernährung in Theorie und Praxis.
Ulrike Gonder
978-3-942772-80-5　　**7,99 €**

Low-Carb für Männer.
Ein Mann – (k)ein Bauch.
Jetzt noch übersichtlicher – mit komplett überarbeiteter Kohlenhydrattabelle zum Nachschlagen.
Barbara Plaschka | Petra Linné
978-3-942772-52-5　　**15,99 €**

Gute Kohlenhydrate – schlechte Kohlenhydrate
Pfunde verlieren und Energie tanken
Barbara Plaschka | Petra Linné
978-3-927372-81-8　　**12,95 €**

66 Ernährungsfallen
... und wie sie mit Low-Carb zu vermeiden sind.
- in typischen Alltagssituationen
- für Büro und Freizeit
- mit Einkaufsführer im Supermarkt
- mit ausführlichem Restaurant-Guide
Barbara Plaschka | Petra Linné
978-3-927372-55-9　　**15,95 €**

Endlich schlank ohne Diät
Erfolgreich abnehmen ohne JOJO-Effekt und Kalorienzählen - nach dem LOGI-Erfolgsprinzip von Dr. Nicolai Worm.
Anna Cavelius
978-3-942772-10-5　　**9,99 €**

Iss einfach gut.
Das Prinzip Nahrungskette – einfach und pragmatisch erklärt vom Koch der Deutschen Fußballnationalmannschaft.
Holger Stromberg
978-3-942772-28-0　　**18,99 €**
Auch erhältlich in Hardcover-Luxus-ausführung mit Moleskine Gummi und Saisonkalender als DIN-A3-Poster
978-3-942772-50-1　　**24,99 €**

Menschenstopfleber.
Die verharmloste Volkskrankheit Fettleber.
Dr. Nicolai Worm
978-3-927372-78-8　　**19,99 €**

Syndrom X oder Ein Mammut auf den Teller!
Mit Steinzeitdiät aus der Wohlstandsfalle.
Dr. Nicolai Worm
978-3-927372-23-8　　**19,90 €**

Die Schlafmangel-Fett-Falle.
... wie Sie trotzdem gesund und schlank bleiben.
Dr. Nicolai Worm
978-3-927372-94-8　　**7,50 €** ~~14,95 €~~

Mehr Fett!
Warum wir mehr Fett brauchen, um gesund und schlank zu sein.
Ulrike Gonder | Dr. Nicolai Worm
978-3-927372-54-2　　**19,95 €**

Allergien vorbeugen.
Schwangerschaft und Säuglingsalter sind entscheidend!
Dr. Imke Reese | Christiane Schäfer
978-3-927372-50-4　　**14,95 €**

Ethisch Essen mit Fleisch.
Eine Streitschrift über nachhaltige und ethische Ernährung mit Fleisch und die Missverständnisse und Risiken einer streng vegetarischen und veganen Lebensweise.
Lierre Keith | Ulrike Gonder
978-3-927372-87-0　　**14,99 €**

Pur, weiß, tödlich.
Warum der Zucker uns umbringt – und wie wir das verhindern können.
Prof. Dr. John Yudkin | Prof. Dr. Robert Lustig
978-3-942772-41-9　　**14,99 €**

Stopp Diabetes!
Raus aus der Insulinfalle dank der LOGI-Methode.
Katja Richert | Ulrike Gonder
978-3-927372-56-6　　**16,95 €**

Stopp Diabetes! Praxisbuch.
Ernährungs- und Bewegungspläne. LOGI-Methode.
Ein besseres Leben mit Diabetes.
Katja Richert
978-3-942772-08-2　　**16,99 €**

Heilkraft D.
Wie das Sonnenvitamin vor Herz-infarkt, Krebs und anderen Zivilisations-krankheiten schützt.
Dr. Nicolai Worm
978-3-927372-47-4　　**15,95 €**

Mehr vom Sport!
Low-Carb und LOGI in der Sporternährung.
Unter Mitwirkung zahlreicher Spitzensportler: Boxweltmeister Felix Sturm, Schwimmprofi Mark Warnecke, Leichtathlet Danny Ecker und viele mehr.
Clifford Opoku-Afari | Dr. Nicolai Worm
Heike Lemberger
978-3-927372-41-2　　**19,95 €**

LOGI und Low Carb in der Sporternährung.
Glykämischer Index und glykämische Last — Einfluss auf Gesundheit und körperliche Leistungsfähigkeit.
Jan Prinzhausen
978-3-927372-30-6　　**24,90 €**

Der LOGI-Muskel-Coach.
Die ultimative Sporternährung für Muskelaufbau und Ausdauertraining.
Dr. Torsten Albers | Dr. Nicolai Worm
Kirsten Segler
978-3-942772-13-6　　**19,99 €**

Bauch, Beine, Po – das LOGI-Workout für Frauen. (DVD)
Inklusive ausführlichem Booklet.
Matthias Maier | Dr. Nicolai Worm
978-3-927372-98-6　　**14,95 €**

Campus Food.
Die vegane Studentenküche – 55 Rezepte.
Anne Bühring | Kurt-Michael Westermann
978-3-942772-21-1　　**16,99 €**

Yes, I can!
Erfolgreich schlank in 365 Schritten.
Dr. Ilona Bürgel
978-3-927372-51-1　　**7,50 €** ~~15,00 €~~

Yoga/Achtsamkeit

Das Hatha Yoga Lehrbuch.
Sampoorna Hatha Yoga, Perfektion in Bewegung. Die 150 schönsten Übungen.
Marcel Anders-Hoepgen
978-3-927372-53-5 **29,95 €**

- **Sampoorna Hatha Yoga Stunde** (DVD)
  978-3-927372-64-1 **17,95 €**
- **Sampoorna Hatha Yoga Stunde** (CD)
  978-3-927372-65-8 **14,95 €**

- **Sampoorna Hatha Yoga Stunde Stufe 2** (DVD)
  978-3-942772-04-4 **17,95 €**

- **Sonnengruß, Teil 1** (DVD + CD)
  Das perfekte Workout
  978-3-927372-77-1 **16,95 €**

- **Sonnengruß, Teil 2** (DVD + CD)
  Der perfekte Stressabbau
  978-3-927372-97-9 **16,95 €**

Hebammen Yoga
Übungen zur Geburtsvorbereitung und Rückbildung. Inkl. Mantra-Audio-CD.
Marcel Anders-Hoepgen
978-3-927372-99-3 **9,00 €**

- **Hebammen Yoga** (Doppel-DVD)
  Übungen zur Geburtsvorbereitung und Rückbildung.
  978-3-942772-03-7 **16,95 €**

- **Augenentspannung** (CD)
  978-3-927372-71-9 **8,95 €**
- **Gleichgewicht** (CD)
  978-3-927372-72-6 **8,95 €**
- **Nackenentspannung** (CD)
  978-3-927372-70-2 **8,95 €**
- **Oberen Rücken stärken** (CD)
  978-3-927372-73-3 **8,95 €**
- **Unteren Rücken stärken** (CD)
  978-3-927372-74-0 **8,95 €**
- **Bauchmuskulatur stärken** (CD)
  978-3-927372-75-7 **8,95 €**

- **Besser schlafen.** (CD)
  Entspannung für die Nacht.
  978-3-942772-25-9 **12,99 €**
- **Gut schlafen.** (CD)
  Entspannung für die Nacht.
  978-3-927372-62-7 **9,95 €**
- **Kraft tanken.** (CD)
  Entspannung für den Tag.
  978-3-927372-61-0 **9,95 €**

Yoga: Jeden Tag neu!
Über 100.000 mögliche Kombinationen für Übungseinheiten à 5 bis 10 Minuten.
Marcel Anders-Hoepgen
978-3-927372-69-6 **28,00 €**

Anti-Stress-Yoga.
Mit Yoga und Ernährung zurück in die Life-Work-Balance.
Petra Orzech
978-3-942772-46-4 **19,99 €**

Der Glücksvertrag
Das 21-Tage-Programm. Ein glückliches Leben in Balance dank einer Formel aus Psychologie und fernöstlicher Heilkunst. Inklusive DVD.
Ashish Mehta | Gela Brüggemann
978-3-942772-14-3 **19,99 €**

Yoga von Kopf bis Fuß.
5-Minuten-Übungen aus dem Sampoorna Hatha Yoga.
Die Box beinhaltet:
- Augenentspannung (CD)
- Gleichgewicht (CD)
- Nackenentspannung (CD)
- Oberen Rücken stärken (CD)
- Unteren Rücken stärken (CD)
- Bauchmuskulatur stärken (CD)

Brahmadev Marcel Anders-Hoepgen
978-3-942772-45-7 **30,00 EUR**
(erhältlich solange der Vorrat reicht)

Nada-Yoga-Musik-Reihe
- **Eternal OM** (CD)
  978-3-942772-16-7 **12,99 €**
- **Shanti** (CD)
  978-3-942772-29-7 **12,99 €**
- **Runterkommen** (CD)
  978-3-942772-17-4 **12,99 €**
- **Gelassenheit** (CD)
  978-3-942772-15-0 **12,99 €**

Rücken for fit.
Das 30-Tage-Programm für einen schmerzfreien Rücken in nur fünf Minuten pro Tag. Inklusive Übungs-DVD.
Marcel Anders-Hoepgen
978-3-942772-53-2 **19,99 €**

Gelenkschmerzen? Schluss damit!
Hilfe bei Arthrose, Bandscheiben- und rheumatischen Beschwerden, Fibromyalgie & Co.
Dr. Johannes R. Weingart | Ulrich Pramann
978-3-942772-58-7 **16,99 €**

Das Myoreflexkonzept.
Schmerzfrei mit aktiven Muskeln.
Dr. med. Eberhard Jörg | Peter Kensok
978-3-942772-49-5 **19,99 €**

Achtsam abnehmen – 33 Methoden für jeden Tag.
Ronald Pierre Schweppe
978-3-942772-99-0 **12,99 €**

Schlank durch Achtsamkeit.
Durch inneres Gleichgewicht zum Idealgewicht
Ronald Pierre Schweppe
978-3-942772-90-7 **14,99 €**

Warum Stress dick macht
... und warum wir entspannt schneller abnehmen.
Ronald Pierre Schweppe
978-3-942772-51-8 **12,99 €**

Ich habe so lange auf Dich gewartet!
Der lange Weg durch die Kinderwunschtherapie. Ein Tagebuch – ärztlich kommentiert und ergänzt – über Hoffnungen, Misserfolge, Wegbegleiter und das Wunschkind.
Prof. Dr. Michael Ludwig | Maileen L.
978-3-942772-11-2 **15,99 €**

Mut zur Trennung.
Plädoyer für eine mutige und produktive Entscheidung – Kinder brauchen Aufrichtigkeit.
Jutta Martha Beiner
978-3-942772-47-1 **15,99 €**

Natürlich verhüten ohne Pille.
Welche Methode ist die beste? Alle sicheren Alternativen. Was tun bei Kinderwunsch? Wie man die natürlichen Techniken rasch und sicher erlernt.
Anita Heßmann-Kosaris
978-3-927372-63-4 **14,95 €**

Der Gen-Code.
Das Geheimnis der Epigenetik – wie wir mit Ernährung und Bewegung unsere Gene positiv beeinflussen können.
Dr. Ulrich Strunz
978-3-942772-01-3 **14,99 €**

Kräuter & Gewürze als Medizin
Gesund und schlank mit Vitalkräften aus der Apotheke der Natur.
Klaus Oberbeil
978-3-942772-92-1 **15,00 €**

Fit mit 100
Jung bleiben, länger leben
- Ein Leben lang schlank & glücklich
- Programme für Körper und Seele
- 100 wertvolle Ernährungstipps

Klaus Oberbeil
978-3-927372-93-1 **14,99 €**

Der Burnout-Irrtum
Ausgebrannt durch Vitalstoffmangel – Burnout fängt in der Körperzelle an! Das Präventionsprogramm mit Praxistipps und Fallbeispielen.
Uschi Eichinger | Kyra Hoffmann
978-3-942772-06-8 **19,99 €**

Gesund durch Stress!
Wer reizvoll lebt, bleibt länger jung!
Hans-Jürgen Richter
Dr. Peter Heilmeyer
978-3-927372-42-9 **8,00 €**

Homöopathie – sanfte Heilkunst für Babys und Kinder
Homöopathische Behandlung im Alltag
Angelika Szymczak
978-3-927372-49-8 **14,00 €**

Gesundheit/Ketogene Ernährung

Auroris Taschenbücher
Ketogene Ernährung: Das neue Topthema bei systemed.

Schwer verdaulich.
Wie uns die Ernährungsindustrie mästet und krank macht.
Pierre Weill
978-3-942772-40-2   **12,95 €**

Krebszellen lieben Zucker – Patienten brauchen Fett.
Gezielt essen für mehr Kraft und Lebensqualität bei Krebserkrankungen.
Prof. Dr. Ulrike Kämmerer
Dr. Christina Schlatterer | Dr. Gerd Knoll
978-3-927372-90-0   **24,99 €**

Stopp Alzheimer!
Wie Demenz vermieden und behandelt werden kann.
Dr. Bruce Fife
978-3-942772-86-0   **20,00 €**

Bestellen Sie direkt beim Verlag.

Versandkostenfreie Lieferung.

Alle bereits erschienenen Bücher sind sofort lieferbar.

Das Kohlenhydratkartell.
Über die Diätkatastrophe, die finsteren Machenschaften der Zuckerlobby und Wege aus dem Diätendschungel.
Clifford Opoku-Afari
978-3-942772-39-6   **12,95 €**

KetoKüche für Einsteiger: Rezepte & Kraftshakes.
50 ketogene Rezepte, die schmecken.
Dorothee Stuth | Ulrike Gonder
978-3-942772-42-6   **14,99 €**

Stopp Alzheimer! Praxisbuch.
Wie Demenz vermieden und behandelt werden kann.
Dr. Bruce Fife
978-3-942772-27-3   **12,99 €**

Mehr Infos zum Programm, zu den Autoren und zu weiteren Neuerscheinungen finden Sie auf unserer website:

www.systemed.de

Köstlich kochen mit Tee.
Einfache und inspirierende Rezepte.
Tanja Bischof | Harry Bischof
978-3-942772-76-1   **8,95 €**

Ketogene Ernährung bei Krebs.
Die besten Lebensmittel zur Tumorerkrankung.
Professor Dr. Ulrike Kämmerer
Dr. Christina Schlatterer | Dr. Gerd Knoll
978-3-942772-43-3   **14,99 €**

KetoKüche zum Genießen.
Mit gesunden Gewürzen und Kokosnuss. Über 100 ketogene Rezepte für Genießer.
Bettina Matthaei | Ulrike Gonder
978-3-942772-44-0   **19,99 €**

Kokosöl (nicht nur) fürs Hirn!
Wie das Fett der Kokosnuss helfen kann, gesund zu bleiben und das Gehirn vor Alzheimer und anderen Schäden zu schützen.
Ulrike Gonder
978-3-942772-38-9   **5,99 €**

Grundlagenbroschüre Ketogene Ernährung bei Krebserkrankungen.
Prof. Dr. Ulrike Kämmerer
Dr. Christina Schlatterer | Dr. Gerd Knoll
(erhältlich nur beim Verlag)   **3,50 €**

Das Beste aus der Kokosnuss.
Natives Bio-Kokosöl und Bio-Kokosmehl.
Ulrike Gonder
978-3-942772-56-3   **4,99 €**

Die letzte Reise.
Eine Reise über deutsche Friedhöfe von Sylt bis Konstanz.
Clemens Menne
978-3-927372-76-4   **34,00 €**

Praxisbroschüre
Rezepte zur Unterstützung einer ketogenen Ernährung für Krebspatienten.
Prof. Ulrike Kämmerer | Nadja Pfetzer
(erhältlich nur beim Verlag)   **6,90 €**
• Paketpreis für beide: **8,90 €**

Positives über Fette und Öle.
Warum gute Fette und Öle so wichtig für uns sind.
Ulrike Gonder
978-3-942772-57-0   **4,99 €**
Alle 3 Bücher im Paket
978-3-942772-55-6   **12,00 €**

systemed Verlag
Kastanienstraße 10
D-44534 Lünen
Telefon: 02306 63934
Fax: 02306 61760
faltin@systemed.de

Impressum.

©2011–2014 systemed Verlag, Lünen. Alle Rechte vorbehalten. Nachdruck, auch auszugsweise, sowie Verbreitung durch Film, Funk und Fernsehen, durch fotomechanische Wiedergabe, Tonträger und Datenverarbeitungssysteme jeglicher Art nur mit schriftlicher Genehmigung des Verlages.

Redaktion: systemed Verlag, Lünen
Umschlaggestaltung und -Motiv: Hauptmann & Kompanie Werbeagentur, Zürich
Buchsatz: A flock of sheep, Lübeck
Druck: Florjancic Tisk d. o. o., Slowenien
ISBN: 978-3-942772-90-7

5. aktualisierte und erweiterte Auflage